ことりっぷ co-Trip 海外版

パリ

電子書籍
無料ダウン
できます

《 電子書籍のいいところ 》

購入した「ことりっぷ」が
いつでも
スマホやタブレットで
持ち運べますよ♪

まずは
ことりっぷアプリを
ダウンロード

詳しくは裏面で

💙 電子書籍をダウンロードするには…

Step 1
「AppStore」または「GooglePlay」から〈ことりっぷ〉で検索してアプリをダウンロード

このアイコンが目印です

Step 2
アプリを起動し、まず会員登録してからログイン

Step 3
トップ画面にある電子書籍ボタンをタップ

Step 4
ストア画面の「QRコードスキャン」をタップ

Step 5
右のQRコードを読み取ります

Step 6
ことりっぷが本棚に追加されます

ことりっぷバリ

がんばる自分に
ごほうび旅

ことりっぷ co-Trip 海外版
パリへ

ようこそ。

今日も 1 日お疲れ様でした。
何だか最近、疲れることが増えてきたりしていませんか?
そんなときはちょこっと旅に出かけてみるのもいいものです。
少しの間、面倒なことは全部忘れて、リフレッシュ。
立ち止まった旅の街角で、心にひびく何かに出会えたら、
明日もまたがんばれます。

いってきます。

パリに行ったら……

さて、なにをしましょうか？

**話題のエリアや通りをおさんぽしつつ
素敵なお店や景色をパチリ。
とっておきのパリを楽しみましょう。**

一度目でも、何度来ても心ときめくパリ。歴史ある街並みは変わらず美しく、その一方で新しいお店も続々と登場しています。人気のエリアで今のパリを感じたり、マルシェで地元気分を楽しんだり。特別な体験がしたいなら、美術館カフェやランチクルーズがおすすめです。

トレンドエリアの美容コスメ店へ
お店の人もエレガント ➡P.20

人気のグルメストリートで
トリュフのお店を発見 ➡P.22

ランチクルーズでは有名シェフ
監修の料理をいただきます ➡P.34

地元の人に混じってマルシェを
ぶらぶらおさんぽ ➡P.32

ルーヴル美術館では世界一有名な
肖像画とご対面 ➡P.108

あちこち寄り道してお気に入りの
お店を見つけたいな ➡P.99

パリに行ったら……

なにを食べましょうか?

旬のスイーツに焼きたてのパン、
人気レストランやビストロのごはんまで。
おいしいパリをたっぷり味わいましょう。

美食の街パリにはおいしいものがたくさん。まずは焼きたてのパンをほおばりつつ、とびきりのショコラや現地限定スイーツもいただきましょう。話題のレストランや人気ビストロでのランチやディナーもいいですね。パリならではのおいしい時間が待っています。

アートのようなケーキにうっとり
どれにしようか迷います ➡P.27

本場のバゲットは何度食べても
やっぱりおいしい ➡P.78

こだわりのビストロ料理に
お腹も心も満足です ➡P.70

check list

- ☐ 特別なスイーツ ➡P.26/P.74
- ☐ 有名パティスリーで朝食 ➡P.44
- ☐ レストランでディナー ➡P.68
- ☐ ビストロで定番料理 ➡P.72
- ☐ 心とろけるショコラ ➡P.76
- ☐ とびきりおいしいパン ➡P.78
- ☐ サロン・ド・テでお茶 ➡P.82
- ☐ 気軽なカフェごはん ➡P.84

なにを買いましょうか?

憧れの陶器にかわいい雑貨やアクセサリー、
パリジェンヌに人気のコスメもチェック。
パリの思い出にオーダーメイド品もどうぞ。

世界中で人気の陶器やオーダーメイド品など、自分へのごほうびはちょっと奮発。おみやげにはパリジェンヌ御用達の日常コスメや、スーパーのかわいい雑貨やお菓子がおすすめです。人気のファッションブランドなら、お気に入りの一品が見つかるかもしれませんよ。

シンプルながら美しい陶器を
大切にお持ち帰り ➡P.48

大切なメッセージをフランス語の
刺繍に託して… ➡P.29

check list

- ☐ オーダーメイド品 ➡P.28
- ☐ パリジェンヌな洋服 ➡P.46
- ☐ パリシックな陶器 ➡P.48
- ☐ キュートなフレンチ雑貨 ➡P.50
- ☐ 上質なフレグランス ➡P.52
- ☐ フランスコスメ ➡P.54
- ☐ フレンチアクセサリー ➡P.56
- ☐ スーパーでおみやげ ➡P.64

ことりっぷ co-Trip 海外版

パリ

Contents

●見どころ＆街歩き
●ショッピング
●グルメ
■ナイトスポット
■ホテル

Paris

まずはパリの概要について知りましょう

フランスの首都であり、世界的な観光都市のパリは、
欧州圏ならではの文化やマナーがたくさんあります。
旅を安全により楽しくするために、パリの基本的なことを確認しておきましょう。

PARIS キホン情報 Q & A

 Q 日本からパリまでどれくらいかかるの？

A 約14〜15時間

羽田、成田、関西の3空港からパリへ直行便が運航。発
着はパリのシャルル・ド・ゴール国際空港。日本を午前
中に出発し、パリに夕方〜夜着く便が多いです。

 Q 通貨&レートは？

 A €1＝約163円（2024年3月現在）

EUの統一通貨ユーロを使用。単位はユーロ（€）とサンチ
ーム（¢）で1€＝100¢。紙幣は6種類、硬貨は8種類ある。

 Q 時差はどれくらい？

A 日本時間−8時間（サマータイムは−7時間）

通常は日本より−8時間、3月の最終日曜日から10月の
最終日曜日までのサマータイムは−7時間に。たとえば、
フランスの朝9時は日本の17時。（サマータイムは16時）

 Q 公用語は？

 A フランス語です

観光スポットでは英語が通じますが、個人商店などで
は通じないことも。挨拶程度は予習しておきましょう。

 Q パリの気候を教えて？

 A 日本同様に四季があり、
気温は年間を通じてやや低め

パリは北海道・宗谷岬よりも緯度が高いため、冬が長く、
本格的に暖かくなるのは4月下旬から。梅雨はありませ
ん。7、8月は30℃を超える日もありますが、乾燥してい
て過ごしやすいという特徴も。秋の訪れは早く、11月
には冬が訪れ、降雪もあります。

1月 2月 3月 4月 5月 6月 7月 8月 9月 10月 11月 12月

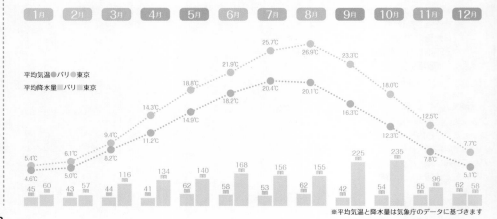

平均気温 ●パリ ●東京
平均降水量 ■パリ ■東京

※平均気温と降水量は気象庁のデータに基づきます

8

Q 税金とチップはどうなっているの？

A 税金もチップの習慣もあります

フランスにはTVA（付加価値税）が存在し、多くの商品やサービスに最高20%が課せられます **P.131**。ただし税金は内税ですでに値段に含まれているので、とくに意識する必要はありません。チップの習慣は減少傾向ですが、必要に応じて右の欄を参考に渡すといいでしょう。

Q お酒とたばこのルールは？

A どちらも節度を守って楽しんで

駅や列車、博物館、ホテルなど公共の場所の屋内や一部の公園では喫煙禁止。レストランやカフェ、バーなども屋外テラス席や喫煙ルーム以外は禁煙です。旅行者でも違反すれば最高€450の罰金が科せられます。また、18歳未満のお酒やたばこの購入は禁止。そのほか、路上飲酒や夜間アルコール販売が禁止のエリアもあるので注意を（2024年3月現在）。

Q 日曜はお店が休みなの？

A 営業するお店が徐々に増えています

基本的に多くの店が日曜休みですが、近年はデパートのほか、観光客が多い地区では日曜でも営業する店が増えています。またフランスでは夏季に連続1カ月ほどの休暇をとる習慣があり、とくに8月はバカンス休暇で営業していない店舗も多いので注意が必要。ちなみにセールは年2回で、夏は6月下旬から、冬は1月上旬から約1カ月ほど行われます。

Q トイレは？

A 公衆トイレは少ないので、ホテルやデパート、カフェなどで、できるだけ済ませておくほうが安心です。

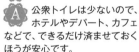

Q 飲料水はどうするの？

A パリの水道水は飲用できますが、石灰分が多いため、あまりなじめない味かもしれません。ミネラルウォーターを購入する際は、炭酸の有無の確認を。

パリ・ミュージアム・パスって？

パリとその近郊の50カ所以上の美術館、博物館、観光スポットで使えるフリーパス。使えば使うほどお得になる。
【料金】 2日券€62、4日券€77、6日券€92の3種類
【販売】 公式サイトのほか、パスが利用できる美術館や施設、パリの観光案内所などでも購入可。

おもな利用可能施設
- ルーヴル美術館
- オルセー美術館
- オランジュリー美術館
- 国立近代美術館
- クリュニー中世美術館
- ロダン美術館
- ピカソ美術館
- 国立ドラクロワ美術館
- ケ・ブランリー・ジャック・シラク美術館
- 装飾芸術美術館
- 凱旋門
- ノートル・ダム大聖堂の塔（2024年3月現在、閉鎖中）
- パンテオン
- サント・シャペル
- オテル・ド・ラ・マリンヌ
- ヴェルサイユ宮殿とトリアノン
- フォンテーヌブロー城

URL www.parismuseumpass.fr

※パスを持っていても別途、入場日時の予約が必要な施設もあるので公式サイトなどで確認を

パリの主要な祝祭日
（2025年の場合）※印は毎年変動

1月1日	元日
4月20日 ※	復活祭（イースター）※
4月21日 ※	復活祭の翌月曜日※
5月1日	メーデー
5月8日	第二次世界大戦終戦記念日
5月29日 ※	キリスト昇天祭※
6月8日、6月9日 ※	聖霊降臨祭と翌月曜日※
7月14日	革命記念日
8月15日	聖母被昇天祭
11月1日	諸聖人の祝日
11月11日	第一次世界大戦休戦記念日
12月25日	クリスマス

※祝祭日は店や観光施設が休みになることが多いので注意しましょう

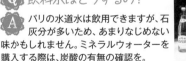 

パリの街はこんな感じです

20区からなるパリは南北9km、東西12kmほどの広さです。
なかでもここであげた9エリアは、特色豊かで多くの旅行者が訪れる場所。
各エリアの魅力を、位置とともに確認しておきましょう。

パリのプロフィール

- 言語　フランス語
- 面積　市：105.40Km²
  （都市圏：1万2000Km²）
- 人口　市：約210万人
  （都市圏：約1236万人）

ルクセンブルグ
ベルギー
イギリス
ドイツ
パリはココ
スイス
イタリア
ポルトガル　スペイン

外環高速道路

凱旋門　　　　　　　　オペラ座

サン・ラザール駅

シャンゼリゼ
大通り

1

7

シャイヨー宮

グラン・パレ

2

サン・ジェルマン
デ・プレ教会

エッフェル塔

セーヌ川

3

モンパルナス・タワー

モンパルナス駅

5

4

1
"花の都"を象徴する
世界的に有名な目抜き通り

シャンゼリゼ大通り
周辺
Av. des Champs-Élysées

凱旋門 ➡ P.31
シャンゼリゼでショッピング ➡ P.96

2
パリのシンボル
「エッフェル塔」を中心に
美しい街並みが続く

エッフェル塔周辺
Tour Eiffel

エッフェル塔 ➡ P.30

3
アカデミックな
雰囲気が漂う
洗練された大人のエリア

サン・ジェルマン・
デ・プレ
Saint-Germain-des-Prés

左岸の中心地をおさんぽ ➡ P.104
オルセー美術館 ➡ P.112

4
モンパルナス・タワーを
中心に都市開発が進む

モンパルナス
Montparnasse

絶景レストラン ➡ P.91

5 多くの芸術家たちに 愛されてきた情緒あふれる下町
モンマルトル
Montmartre

サクレ・クール寺院 **➡P.31**
モンマルトルさんぽ **➡P.102**

パリの街 プチ講座
パリは20の区で構成されていて、中心から外側へ時計回りに1区、2区、3区と続きます。住所の表記は、62 Rue de Lille, 7ᵉ で7区リール通り62番地という意味です。また、セーヌ川はパリの中心部では東から西に流れていて、北側が右岸、南側が左岸と呼ばれています。

↑シャルル・ド・ゴール
国際空港

サクレ・クール寺院

■北駅
■東駅

⑥

右岸

ルーヴル美術館

ノートル・ダム大聖堂

⑧

パンテオン

⑨

■リヨン駅

オーステルリッツ駅

ベルシー駅

左岸

6 次々と新しいお店が登場する 人気のくつろぎ場所
サン・マルタン運河 周辺
Canal Saint-Martin

サン・マルタン運河さんぽ **➡P.40**

7 セーヌ右岸の文化施設や 魅力的なお店が集中する中心地
オペラ／ルーヴル美術館
Opéra ／ Musée du Louvre

オペラ〜ルーヴルさんぽ **➡P.100**
ルーヴル美術館 **➡P.108**
オペラ座（バレ・ガルニエ） **➡P.120**

9 ノートル・ダム 大聖堂などの 建造物が建ち並ぶ パリ発祥の地
シテ島／カルチェ・ラタン
Île de la Cité／Quartier Latin

シテ島＆サン・ルイ島さんぽ **➡P.98**
カルチェ・ラタンさんぽ **➡P.106**

8 おしゃれなお店が集まる トレンド発信エリア
マレ／バスティーユ
Marais ／ Bastille

北マレの人気のお店へ **➡P.20**
ポンピドゥー・センター **➡P.115**

11

旅のしおり

パリのかわいいを探しに
定番と話題のエリアをめぐる2コース

パリに来たら定番の観光名所はもちろんのこと、
話題のエリアもおさんぽしたいですよね。
そこでパリの魅力を味わえる2コースをご提案します。

今日は定番パリを
ぐるりとおさんぽ

10:00 パリ観光は凱旋門からス
タートします

11:00 凱旋門見学を楽しんだら
有名なシャンゼリゼ大通りをおさん
ぽ。マロニエの並木道を歩きながら
気になるお店に立ち寄ります

🚇 1号線フランクラン・デ・ルーズ
ヴェルト駅
↓
🚇 1号線パレ・ロワイヤル・ミュゼ・
デュ・ルーヴル駅

13:00 お腹がすいたのでルーヴル
美術館近くのおしゃれなカフェでラン
チ。その後はカフェ近くの人気の食
器店へ

15:00 パリに来たからには世界一
有名な肖像画『モナ・リザ』を鑑賞し
に行きましょう

何はともあれまずは凱旋門⇒P.31
へ。展望台へのぼればパリ市内
を一望できます

凱旋門の
レリーフも必見

ピエール・エルメとロクシタンのコラ
ボ店、キャトル ヴァン シス シャン
⇒P.96で限定品を購入

かわいいハンド
ケアセット

パリジェンヌに人気のコス
メ専門店、セフォラ
⇒P.96には気になるコス
メがいっぱい

人気ファッションブランドのメゾン・キツネのカフェ、カフェ・
キツネ⇒P.16へ。ランチにサンドイッチをチョイス

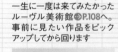

一生に一度は来てみたかった
ルーヴル美術館⇒P.108へ。
事前に見たい作品をピック
アップしてから回ります

日本でも人気の
陶器ブランド、ア
スティエ・ド・ヴィラ
ット⇒P.48。美し
い食器に見とれ
ました

17:00 広い美術館内を歩き回ってちょっと疲れました。ルーヴル美術館併設のカフェでひと休み

🚇 7号線パレ・ロワイヤル・ミュゼ・デュ・ルーヴル駅
↓
🚇 7号線オペラ駅

18:30 オペラエリアでは憧れの靴を見に行ったり、フレグランスのお店でおみやげを購入したり。堂々たるオペラ座にもご対面

🚇 8号線オペラ駅
↓
🚇 レピュブリック駅で乗り換え
↓
🚇 9号線シャロンヌ駅

20:00 夜はパリのビストロの代表店へ。古き良きパリを感じる店内でボリュームたっぷりの料理をいただきます

22:30 タクシーでホテルへ。帰りにエッフェル塔が見えました

Photos: ©Angela Di Paolo

ル・カフェ・マルリー⮕P.37のテラス席からは、ルーヴル美術館のガラスのピラミッドが眺められます

ディスプレイも素敵!

レペット⮕P.28の色とりどりのバレリーナシューズに心奪われました

香りのアイテムが揃うフラゴナール⮕P.52へ。かわいい雑貨がたくさんあります

ビストロ・ポール・ベール⮕P.73で王道のビストロ料理をいただきます

夜はまた格別の美しさ

ライトアップされたエッフェル塔⮕P.42をちらりと拝見。1日の素敵な締めくくりになりました

この日の収穫

素敵な風景やかわいいものにたくさん出会いました

思い出に残ったのはココ!

凱旋門からの眺めは最高でした

次はキャトルヴァン・シス・シャンでお茶したいな

また行きたいのはココ!

フラゴナールのキュートなポーチ

奮発して買ったレペットのバレリーナシューズ

セフォラのフェイスマスクのセット

今日は話題のエリアを
ぶらりとおさんぽ

パリのカフェで
朝ごはん♪

カフェ・ラペルーズ・コ
ンコルド⇒P.36で朝
食。カプチーノとおい
しいパンで朝からご
きげん

9:30 遅めの朝食からスタート。
美術館併設の優雅なカフェへ。回廊
にあるテラス席でコンコルド広場を眺
めながらいただきます

ここに来た目的はオテル・ド・ラ・マ
リンヌ⇒P.19へ行くこと。華麗な
室内装飾を堪能しました

Photos：©Benjamin Gavaudo

10:30 そのまま美術館を見学しま
す。18世紀のフランス王朝時代の
装飾品や豪華な室内にうっとり

🚇 1号線コンコルド駅
↓
🚇 オテル・ド・ヴィル駅で乗り換え
↓
🚇 11号線アールゼ・メティエ駅

一口サイズの
サブレ

かわいい内装とス
イーツで人気のボ
ンタン⇒P.24でラ
ンチ。せっかくなの
で甘いものも少し
いただきます

12:30 話題のエリア、北マレへ。
まずは人気のかわいいカフェでラン
チ。ロマンチックな内装にテンション
アップ

歴史あるコスメ店の
オフィシーヌ・ユニヴェ
ルセル・ビュリー⇒
P.20はシックな雰囲
気が素敵です

14:00 ランチ後は北マレエリアを
おさんぽ。おしゃれなお店や気になっ
たお店をぐるりとめぐります

アリックス・デ・レニス
⇒P.49では繊細な陶
器やジュエリーに出
会いました

パリに来たらメルシー⇒P.20は
外せません。おしゃれな服や雑
貨がたくさんあって楽しい

赤いフィアット
が目印

おしゃれな食料品が揃うメゾ
ン・プリソン⇒P.21にも立ち寄
ります

16:00 たくさん歩いたので休憩を。ヴォージュ広場の回廊にあるサロン・ド・テのおいしいケーキと紅茶でほっと一息。お茶のあとにヴォージュ広場もさくっと散策

17:00 まだまだ歩きます。お次はバスティーユ方面へ。超有名シェフのコーヒー店をのぞいたり、雑貨屋さんでおしゃれな小物を見つけたり。ジャム屋さんにも立ち寄ります

19:30 バスティーユからリヨン駅へ。歩ける距離ですが疲れたのでタクシーで移動して、今夜のディナーの場所に到着。まるで宮殿のような内装のレストランにドキドキ

22:00 タクシーでホテルへ。充実した1日でした

クラシカルな雰囲気が魅力のカレット⮕P.82で休憩。目の前のヴォージュ広場はパリジャンに人気の憩いのスポットです

パリ最古の広場をおさんぽ

パリの雑貨屋さんといえばレ・フルール⮕P.50。ヴィンテージ調の雑貨がいろいろあります

こだわりの豆が揃っています

ル・カフェ・アラン・デュカス⮕P.63では淹れたてのコーヒーのいい香りが

Photos：©pierremonetta

駅なかレストランとは思えないゴージャスな内装のル・トラン・ブルー⮕P.68でディナー

デパートでも人気です

コンフィチュール・パリジェンヌ⮕P.62のジャムを試食して購入

この日の収穫

レ・フルールのアンティーク調オブジェ

あちこち歩いて
お気に入りを見つけました

もう一度食べたいのはコレ！

ル・トラン・ブルーの豪華な内装にときめき

素敵だったのはココ！

カレットのモンブラン

アリックス・デ・レニスで買ったお月さまのピアス

メルシーの雑貨にワクワクしました

楽しかったのはココ！

ことりっぷおすすめの
ショップ＆カフェをご紹介します

パリには素敵なお店がいろいろありますが、とくにおすすめの
心ときめくお店・ワクワクするお店はこちらです。

壁紙や家具がアンティーク調で統一された店内

おすすめポイント

昔ながらの製法で作られたグラ
スや陶器、紙製品にパリらしい
モチーフが手描きされている。
温もりのある風合いが魅力。

テーブルセットもセンス抜群。マラ
ンさんの自宅に招かれたかのよう

懐かしくて美しいオブジェに夢中

マラン・モンタギュ
Marin Montagut

イラストレーターのマラン氏が2020
年に創立したライフスタイルブラン
ド。手描きモチーフの食器や小物が並
ぶ店内は、センスあふれる夢の空間。

MAP 付録P.9 A-3　サン・ジェルマン・デ・プレ

所 48 Rue Madame, 6° 交 M4号線Saint-
Sulpiceサン・シュルピス駅から徒歩6分
☎ 09-81-22-53-44 営 11:00 ～ 19:00 休 日曜

1 おしゃれなディスプ
レイは真似したくな
る 2 手描きのグラスも
いろいろ。こちらは
「Bonheur（幸福）」€
39 3 ハート型の小
皿各€33 4 カフェ
・ド・フロール⊕P.81 と
の限定コラボのティ
ーポット€120

家具職人のアトリエを改
装。外観もグリーンで統一

おすすめポイント

ルーヴル美術館近くにあり、観
光の合間の休憩にぴったり。お
しゃれながら気軽に入れるカジ
ュアルな雰囲気がうれしい。

人気ブランド直営のおしゃれカフェ

カフェ・キツネ
Café Kitsuné

日本でも人気のメゾン・キツネ⊕P.46
による本格カフェ。ルーヴル店は広々
とした2階フロアがあり食事メニュー
が最も豊富に揃う。

MAP 付録P.5 B-3　ルーヴル美術館周辺

所 2 Pl. André Malraux, 1er 交 M1・7号線
Palais Royal Musée du Louvreパレ・ロワイ
ヤル・ミュゼ・デュ・ルーヴル駅から徒歩3分
☎ 01-40-15-99-65 営 8:00 ～ 19:00 休 無休
料 ドリンク€3～

テイクアウトもイートインも
注文は1階のカウンターで

居心地のよい広々としたカ
フェスペースでくつろいで

さわやかな
おいしさ

バナナとピーカンナッツ添えパ
ンケーキ€12、カプチーノ€5

アイス・ユズ＆ハニー€6。
ロゴ入りのグラスは購入可

16

パリでしかできない
とっておきの体験を

定番とはひと味もふた味も違う、パリの楽しみ方をしてみませんか？
話題のお店が集まるエリアやグルメストリートをおさんぽしたり、
現地限定のスイーツやフォトジェニックなカフェを満喫したり。
オーダーメイドやランチクルーズを体験するのも醍醐味です。
自分だけの特別な思い出をつくる旅を始めましょう。

話題の
エリアを
おさんぽ♪

芸術的な装飾美にうっとり
パリの注目スポットへ出かけましょう

ここ数年、パリでは新しい美術館や施設のオープン、
リニューアルが続いています。
話題の観光スポットからパリの旅をスタートしてみませんか。

ここが
ステキ!

ポン・ヌフ館最上階のレストラン&バー、『ヴォワイヤージュ』で、フレスコ画を眺めながら食事や休憩を

地下1階にある欧州最大級のビューティーフロア

館内のあちこちにアートスポットのような売り場が

改修工事で創業当時のアール・ヌーヴォー様式と最上階のフレスコ画を見事によみがえらせた

歴史を感じるポン・ヌフ館

創業当時からのフレスコ画に注目
サマリテーヌ・パリ・ポン・ヌフ
Samaritaine Paris Pont-Neuf

1870年創業の老舗デパートが2021年にリニューアルオープン。日本人建築家ユニットSANAAが手がけたアール・ヌーヴォー様式とモダンさをあわせ持つ建築が話題に。ポン・ヌフ館とリヴォリ館からなる。

MAP 付録P.5 C-4　　　　　　　　　　ルーヴル美術館周辺

所9 Rue de la Monnaie、1er 交M7号線Pont Neufポン・ヌフ駅から徒歩1分 ☎01-88-88-60-00 営10:00〜20:00 休一部祝日

2022年から一般公開がスタート
フランス国立図書館 リシュリュー館
Bibliothèque nationale de France (BnF) Richelieu

研究者専用だった国立図書館が長い改修工事ののちに一般公開。2万冊の蔵書を誇る閲覧室のほか、有料展示スペースの壮麗な装飾や王室コレクションなど見どころ多数。

MAP 付録P.5 B-2　　　　　　オペラ周辺

所5 Rue Vivienne/58 Rue de Richelieu、2e 交M3号線Bourseブルス駅から徒歩3分 ☎なし 営10:00〜18:00（火曜〜20:00）休月曜、一部祝日 料無料（展示スペース€10〜）

ここが
ステキ!

1 改装された美しいファサードと気持ちのいい前庭　2 有料の展示室ギャラリー・マザラン　3 天窓から光が差し込む楕円型の閲覧室サル・オーヴァル。誰でも無料でアクセス可能になった

400周年を迎えたヴェルサイユ宮殿
装飾美といえばヴェルサイユ宮殿 ➡ P.122も外せません。ルイ13世が最初の館を建ててから400年目となる2023年には、宮殿内の歴史ギャラリーがリニューアルしました。

18〜19世紀の装飾芸術を堪能

オテル・ド・ラ・マリンヌ
Hôtel de la Marine

もとは王室の調度品などを保管する場所で、その後、海軍省本部として使用されていた館が2021年から美術館としてオープン。18世紀のフランス王朝時代から19世紀の装飾品や生活様式を見学できる。

MAP 付録P.17 C-3　　　マドレーヌ寺院周辺

所 2 Pl. de la Concorde, 8e 交 M 1・8・12号線Concordeコンコルド駅から徒歩1分 駐なし 開10:30〜19:00（金曜〜21:30）、入場は閉館の45分前まで 休一部祝日 居室見学コース€17、Al Thaniコレクション見学€13（11〜3月の第1日曜無料）※公式サイトなどから日時予約推奨、パリ・ミュージアム・パス➡ P.9保有者は要日時予約

■1 ■2王室調度品保管所の所長と夫人が住んでいたアパルトマン。豪華な生活の様子がうかがえる ■3 19世紀の家具調度品を展示する黄金のギャラリー

ここがステキ！

コンコルド広場に臨む立地。ルイ15世の命で建設された

Photos: ©Benjamin Gavaudo_Centre des monuments nationaux_Hôtel de la Marine

ここがステキ！

LA GALERIE DIOR/© KRISTEN PELOU

蟺旋階段に沿ってミニチュアのドレスやアクセサリーが彩る圧巻の「ディオラマ」

「魅惑の庭園」と名付けられた部屋には可憐なドレスが

GALERIE DIOR - LES JARDINS ENCHANTÉS/© ADRIEN DIRAND

夢のように美しい展示に浸る

ラ・ギャラリー・ディオール
La Galerie Dior

モンテーニュ大通りの本店隣に2022年にオープン。広大な空間を13のテーマに分けた展示を通して、ディオールのアーカイブの数々とその美学を体験できる。

MAP 付録P.6 D-3　　　シャンゼリゼ大通り周辺

所 11 Rue François 1er, 8e 交 M 1・9号線Franklin D. Rooseveltフランクラン・デ・ルーズヴェルト駅から徒歩4分 駐01-82-20-22-00 開11:00〜19:00（入場は17:30まで）休火曜、一部祝日 料€12 ※公式サイトから日時予約推奨

背景が変わる演出が素晴らしい「ル・バル・ディオール」

GALERIE DIOR - LE BAL DIOR/© ADRIEN DIRAND

装飾品が好きな人には、時代ごとの生活の中の装飾品が展示されている装飾芸術美術館 ➡ P.115もおすすめです。

パリでしかできないとっておきの体験を／パリの注目スポットへお出かけ

19

パリのトレンド発信地
北マレの人気のお店をひとめぐり

パリで最も人気のエリア、マレ地区の北側「北マレ」には
おしゃれでこだわりのあるお店がたくさんあります。
ぐるっと見てまわるだけでパリの今を感じられますよ。

 パリで1、2を争う人気
コンセプトストア

メルシー
Merci

高級子供服ボンポワンのオーナー夫婦が創業。センスあふれるセレクションやアートな空間が注目を集め続ける、北マレを代表する店。売上の一部を寄付する活動も行なっている。

MAP 付録P.12 D-6

所111 Bd. Beaumarchais, 3ᵉ 交Ⓜ8号線Saint-Sébastien Froissartサン・セバスチャン・フロワッサール駅から徒歩1分 ☎01-42-77-00-33 営10:30〜19:30(金・土曜〜20:00、日曜11:00〜)休無休

ショッピングの合間に静かな空間でカフェタイム

1階のカフェには本棚があり、ここに並ぶ古本も購入可能。知的なムードが漂う文学カフェ

アイコニックなトートバッグは小€19、大€35

センスあるセレクションが話題。コラボ商品もチェックしたい

中庭のエントランスでは赤いフィアットがお出迎え

インテリア雑貨も豊富に揃う。アートなディスプレイにも注目

19世紀のフランスをほうふつとさせる美しい内装

上質なカフェとスイーツがいただける

肌をなめらかに整えるローション€44

② 自然由来のコスメ&香水ブランド店

オフィシーヌ・ユニヴェルセル・ビュリー
Officine Universelle Buly

1803年創業、2014年に復刻。伝統的な美容法を大切にしながら最先端の美容技術で製造されるオリジナルコスメと香水を販売。こちらの2号店にはカフェも併設している。

MAP 付録P.12 C-5

所45 Rue de Saintonge, 3ᵉ 交Ⓜ8号線Filles du Calvaireフィーユ・デュ・カルヴェール駅から徒歩5分 ☎01-42-72-28-92 営11:00〜19:00 休月曜

陶器やガラスのボトルは、使用後はインテリアに

併設カフェも素敵です

オリジナルノートはいかが？
パピエ・ティーグルでは、好きな素材・柄・色を選んでオリジナルノートを作ってもらうことができます。所要日数は3〜5日程度です。

---

(3) おしゃれで上質なエピスリー

メゾン・プリソン
Maison Plisson

元ファッショニスタのデルフィーヌ・プリソンがオープンした人気の高級食料品店。おしゃれでおいしい食品はおみやげにも最適。カフェ・レストランも併設している。

チーズの品揃えもバッチリです

野菜などの生鮮食品、チーズ、惣菜なども揃う

MAP 付録P.14 F-1
所 93 Bd. Beaumarchais, 3ᵉ
交 M8号線St-Sébastien Froissartサン・セバスチャン・フロワッサール駅から徒歩2分 ☎ 01-71-18-19-09 営 10:00〜21:00（土曜9:00〜、日曜9:00〜20:00）休 無休

センスのいいセレクト。オリジナルの商品もある

レストランではこだわりの食材を提供する

展示のしかたもアーティスティックでおもしろい

---

(4) パリ発ステーショナリーブランド

パピエ・ティーグル
Papier Tigre

モダンながらもどこか懐かしさを感じさせるデザインで人気の文房具ブランドの店。コラボ商品などの限定品も見逃せない。

飾ってもおしゃれ

1 ブローチなどの小物も扱う
2 旬の果物・野菜早見表€23

MAP 付録P.12 C-6
所 5 Rue des Filles du Calvaire, 3ᵉ
交 M8号線Filles du Calvaireフィーユ・デュ・カルヴェール駅から徒歩2分
☎ 01-48-04-00-21 営 11:30〜19:30（土曜11:00〜20:00、日曜14:00〜19:00）
休 無休

大きな鉛筆に注目！

鉛筆のオブジェと虎の看板が目印

---

(5) 日常的に楽しみたいフランスの工芸品

アンプラント
Empreintes

フランスの工芸組合「アトリエ・ダール・ド・フランス」所属の作家の作品を紹介する目的で、2016年にオープン。400m²の空間に約150人の作家の工芸品が勢揃い。

気軽に声をかけてくださいね

スタッフが作品の説明をしてくれる

MAP 付録P.12 B-5
所 5 Rue de Picardie, 3ᵉ 交 M8号線Filles du Calvaireフィーユ・デュ・カルヴェール駅から徒歩5分 ☎ 01-40-09-53-80
営 11:00〜13:00、14:00〜19:00 休 日・月曜、8月に2週間

作品販売期間は人気によりけりで最長3カ月

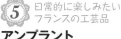

マレ地区の名物といえば、ヒヨコ豆のコロッケと野菜をピタパンに挟んだファラフェル。マレには専門店がいくつもあります。

高級食材から旬のスイーツまで揃う
人気のグルメストリートでお買いもの

パリには、おいしいお店がたくさん集まるグルメストリートがあります。
なかでもおすすめは、高級食材店が並ぶマドレーヌ広場と、
旬の店が集まるマルティール通り。おみやげ探しにも最適です。

マドレーヌ広場
Place de la Madeleine

マドレーヌ寺院を中心とした広場を囲むように高級食材店がずらり。周辺には高級ブランドのブティックも多く、落ち着いた雰囲気が漂う。

広場中央に建つ
マドレーヌ寺院

フォションの紅茶が
揃います

ラ・メゾン・デュ・
ミエル
→P.63

キャビア・
カスピア
マリアージュ・
フレール(紅茶)
b
a
ル・グラン・
カフェ・フォション
→P.100
マドレーヌ
寺院
ラ・メゾン・デュ・
ショコラ
→P.77
マドレーヌ
広場
Ⓜ マドレーヌ駅

パトリック・ロジェ →P.76

ラデュレ・
ロワイヤル店

マスタードの
種類が豊富！

老舗ブランドの紅茶専門店
ⓐ フォション
Fauchon

フォションの紅茶専門店。ハーブティーのカスタムブレンドにも対応。おみやげ向きのお菓子も揃う。

MAP 付録P.17 C-2

所 111 Pl. de la Madeleine. 8ᵉ 交 Ⓜ8・12・14号線Madeleineマドレーヌ駅から徒歩2分 📞 07-78-16-15-40 営 10:30〜14:00、15:00〜18:30 休 日曜

❶高級感ある店内 ❷バラとリンゴの紅茶€19.60 ❸"パリの午後"ブレンド€13.80

3大珍味トリュフの専門店
ⓑ メゾン・ド・ラ・トリュフ
Maison de la Truffe

トリュフ入りの塩やオイルがおみやげに人気。併設レストランの香り高いパスタやリゾットもぜひ味わって。

MAP 付録P.17 C-2

所 19 Pl. de la Madeleine, 8ᵉ 交 Ⓜ8・12・14号線Madeleineマドレーヌ駅から徒歩1分 📞 01-42-65-53-22 営 10:00〜22:30 休 日曜、8月に3週間

香りを堪能
してください

黒トリュフの
塩€11.90

黒トリュフのオリーブ・オイル€41

量り売りの新鮮マスタード
ⓒ マイユ
Maille

1747年創業のマスタード専門店。伝統製法で作られた、なめらかで上品な風味が特徴。さまざまな種類が揃う。

MAP 付録P.17 C-2

所 6 Pl. de la Madeleine, 8ᵉ 交 Ⓜ8・12・14号線Madeleineマドレーヌ駅から徒歩1分 📞 01-40-15-06-00 営 10:00〜19:00 休 日曜

量り売りの
フレッシュ
マスタード

量り売りの
マスタードは
125g€27〜

ロワイヤル通り

サントノレ通り

上海ロバ通り

まだあるグルメストリート
スイーツの名店が並ぶバック通り MAP 付録P.19 A-1、有名レストランが集まるサン・ドミニク通り MAP 付録P.11 C-1やポール・ベール通り MAP 付録P.22 F-3があります。

マルティール通り
Rue des Martyrs

モンマルトルの麓、ピガールの南に延びる市場通り。日本でも人気のローズ・ベーカリーを筆頭に、おしゃれなレストランやスイーツの店が集まる。

KB（カーベー）カフェは通りの中心的存在

↑モンマルトル

若者が多く集まる通り

・カーベー・カフェショップ

カフェ・マルレット（ケーキミックス）

・ローズ・ベーカリー（カフェ・デリ）

・ポペリーニ（シュークリーム）

マルティール通り

メゾン・ルルー（ショコラ&キャラメル）

・セバスチャン・ゴダール

スイーツの有名店も

ⓂサンΑ・ジョルジュ駅

ⓐ メレンゲが主役のケーキ
ラ・ムランゲ
La Meringaie

ニュージーランド発祥のパブロヴァからアイデアを得た、見た目もかわいいパリ流パブロヴァが好評。

MAP 付録P.21 A-2

🏠 35 Rue des Martyrs, 9ᵉ 🚇 Ⓜ12号線St-Georgesサン・ジョルジュ駅から徒歩4分 📞 01-42-45-62-87 🕐9:00〜14:00、15:00〜19:30（金・土曜9:00〜19:30、日曜9:00〜19:00）🈳 無休

フランボワーズ&パッションフルーツ「ペラジー」€5.80〜

カカオ味の「フェリシテ」€5.80〜

チョコ入りメレンゲ焼き菓子€4.90

ⓑ BIOのパンや絶品スイーツを
アルノー・デルモンテル
Arnaud Delmontel

2007年にバゲットコンクールで優勝した「ルネッサンス」のほか、マカロンやパティスリーも人気。

MAP 付録P.21 B-2

🏠 39 Rue des Martyrs, 9ᵉ 🚇 Ⓜ12号線St-Georgesサン・ジョルジュ駅から徒歩4分 📞 01-48-78-29-33 🕐7:00〜20:30 🈳 無休

サントノレ€6.40〜※写真はホールサイズ

バニラが香るミルフィーユ€6〜

看板の「ルネッサンス」€1.30

ⓒ 100%天然のジャムが揃う
ラ・シャンブル・オ・コンフィチュール
La Chambre aux Confitures

保存料や着色料を使わないジャム100種類以上のほか、チョコやキャラメルのペースト、はちみつなども揃う。試食もできる。

MAP 付録P.21 A-3

🏠 9 Rue des Martyrs, 9ᵉ 🚇 Ⓜ12号線St-Georgesサン・ジョルジュ駅から徒歩2分 📞 01-48-74-21-70 🕐11:00〜14:30（月・火曜〜14:00）、15:00〜19:30（土曜10:00〜14:00、14:30〜19:30、日曜9:30〜13:30）🈳 8月に3週間

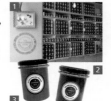

❶パリに3店舗ある ❷シャンパン風味のフランボワーズ€9.50 ❸グレープフルーツとオレンジ€7.50

マルティール通りには大人気のスイーツ店、セバスチャン・ゴダール（Sébastien Gaudard）もあります。 **MAP** 付録P.21 A-3

23

絵になる空間が広がる
フォトジェニックなカフェへ

パリにたくさんあるカフェやサロン・ド・テのなかでも
思わず写真を撮りたくなる魅力的なお店をご紹介。
見栄えがするのはもちろん、味も確かですよ。

撮影ポイント
お皿により過ぎず、背景が映り込むようにするのがコツ

1 ショーウインドーも素敵
2 室内席と中庭のテラス席がある

こちらもステキ

季節限定イチゴたっぷりのタルト。ミニサブレは4つで€12

こんなPhotoもステキ

花びらを並べたようなサブレケーキ

ショーケースのサブレケーキもフォトジェニック

アンティークの棚に飾られたタルト

 Z女心をくすぐるパティスリー

ボンタン
Bontemps

隠れ家のようなパティスリー兼サロン・ド・テ。アンティークの食器や家具、サブレを使ったかわいいタルト菓子、ロマンチックなデコレーションと、どこを切り取っても絵になる。

MAP 付録P.12 B-5   北マレ

所 57 Rue de Bretagne, 3ᵉ 交 M3・11号線Arts et
Métiersアールゼ・メティエ駅から徒歩5分 ☎01-42-74-
11-66(サロン・ド・テ) 営12:15～18:30(日曜11:45～
18:00)、ブティック11:00～14:30、15:00～19:00(土曜
10:30～19:00、日曜10:30～14:00、14:30～17:30) 休月・火
曜、8月に2～3週間 料ドリンク€3.80～、ケーキ€12～

ランチにはトマトコンフィと生ハムがのったパイ€22を

24

ホテル内のカフェでのんびり

数年前からザ・ホクストンのようなプティックホテルのカフェを、日常的に利用するのがパリジャンのお気に入りとなっています。

📷 撮影ポイント

広いカフェスペースでは撮影スポットの選び方（どこに座るか）が重要

カプチーノ€5、ブラウニー€4、フィナンシェ€3とお手頃価格

スタイリッシュながらくつろげる雰囲気

お菓子は14時半〜18時まで

ドリンクと焼き菓子はテイクアウト可

ホテルの看板がないので見落としに注意

注目ホテル内のくつろぎカフェ
ザ・ホクストン
The Hoxton

ロンドンを皮切りにアムステルダム、NYなどに展開する同ホテルがパリにもオープン。18世紀の豪奢な建物のエントランスをくぐると、目の前にカフェスペースが広がる。

MAP 付録P.5 C-2　　　　　　オペラ周辺

🏠 30-32 Rue du Sentier, 2ᵉ 🚇 Ⓜ8・9号線Bonne Nouvelleボンヌ・ヌーヴェル駅から徒歩2分
📞 01-85-65-75-04 🕐 7:00 〜翌0:30（木〜土曜〜翌1:30）
📅 無休 💰 ドリンク€3〜、ケーキ€3〜

100%グルテンフリーの
レトロ風カフェ
ル・ポン・トラヴェルセ
Le Pont Traversé

老舗書店跡地に2021年オープン。パリのグルテンフリー専門店の先駆け「NO GLU」オーナーが有形文化財の建物を改装し、コージーなカフェに。サラダやピタサンドなどの食事メニューもおすすめ。

MAP 付録P.9 A-3　　サン・ジェルマン・デ・プレ

🏠 62 Rue de Vaugirard, 6ᵉ 🚇 Ⓜ4号線Saint-Sulpiceサン・シュルピス駅から徒歩6分 📞 01-45-44-60-15 🕐 8:30〜18:00（土・日曜9:00〜18:30） 📅 無休 💰 ドリンク€3.2〜、ケーキ€7〜

老舗書店時代の美しい外観が目をひく

旧店舗の装飾を活かした内装

📷 撮影ポイント

料理は斜め上からの角度で撮り、アンティーク調の壁や窓枠なども背景に入れて

レトロかわいいディスプレイに注目

米粉やそば粉を使った焼き菓子が並ぶ

チアシードとココナッツクリームのフルーツ添え€8.50、抹茶ラテ€7.20

店内写真を撮りたい場合はお店の人にひと声かけて許可をもらいましょう。周りのお客さんにも気を配って。

現地だけで楽しめる芸術品 特別なスイーツをいただきます

パリでのお楽しみのひとつといえば珠玉のスイーツです。
旅の思い出に、パリでしか食べることができない
注目パティスリーのスイーツをいただきませんか?

数週間ごとに変わるケーキは常時5種類
A パティスリー・アンディヴィデュエル
Pâtisseries Individuelles

こちらもおすすめ

（右から）マンゴー、オレンジ、キ
ウイ、レモン、カボス（カカオポッ
ド）。各€18

上記メインケーキのほ
かに常時3種類のケー
キがある。こちらはパリ・
ブレスト・ノワゼット€9

B キツネモチーフの
プラリネとヘーゼ
ルナッツのケー
キ、メルヴェイユ
€6.90

こちらもおすすめ

お店一押しのオリジナルケーキ
アントルメ・イサティス
Entremets Isatis

ピーカンナッツのプラリ
ネとバニラクリームがポ
イント。€7.90

A ラ・パティスリー・デュ・ムーリス・パール・セドリック・グロレ
La Pâtisserie du Meurice par Cédric Grolet

ホテル・ル・ムーリス内にある星付きレストランのパティ
シエ、セドリック・グロレ氏がホテルの一角に自身の店を構
える。主に5種類のケーキを販売。同氏の2店舗目も人気。

MAP 付録P.16 D-4　　　ルーヴル美術館周辺

所 6 Rue de Castiglione, 1ᵉʳ　交 M1号線Tuileries
チュイルリー駅から徒歩5分　☎ 01-44-58-69-19
営 12:00〜商品がなくなるまで(18:00)　休 月・火曜　※2
店舗目:「セドリック・グロレ・オペラ」**MAP** 付録P.16 F-3

B ヤン・クヴルー
Yann Couvreur

2016年に1号店をオープン以来、パリで6店舗を展開。素
材を大切にした高級感あるスイーツを作る一方、イートイ
ンスペースを用意するなど、気取らなさが人気の秘密。

MAP 付録P.4 F-2　　　サン・マルタン運河周辺

所 137 Av. Parmentier,10ᵉ　交 M11号線
Goncourtゴンクール駅から徒歩1分　☎ なし
営 8:00〜20:00　休 無休

※「カーエル・チュロス」以外はすべてテイクアウトの値段。イートインは値段が変わります。

イートインが可能なお店は？
ここで紹介した4件のうち、Ⓐのセドリック・グロレのお店以外は、イートインスペースもしくはサロン・ド・テがあります。

サロン・ド・テのみで味わえる名物チュロス
カーエル・チュロス
KL Churros

Ⓒ

チョコレートとブルボンバニラのマーブルケーキ€28(2人分サイズ)

繊細な触感と味わいが楽しめる
アントルメ・マーブレ
Entremets Marbré

Ⓓ

こちらもおすすめ

なかはモチモチ、外はサクサクのチュロス€8.50。提供は11:00〜16:00

ミルクキャラメルムースが美味なカラ・ダミア€7.50

こちらもおすすめ

スペシャリテのマドレーヌ1つ€5〜はぜひ試したい。味は6種類ほど

Ⓒ
カーエル・パティスリー
KL Pâtisserie

有名メゾンで腕をふるったケヴィン・ラコット氏のお店。広々としたサロン・ド・テで、人気のチュロスのほか、クリームやムース使いが絶妙なスイーツを楽しめる。

MAP 付録P.3 C-1　　　　　市街北部
所78 Av. de Villiers, 17ᵉ 交Ⓜ3号線Wagramワグラム駅から徒歩1分 ☎01-45-71-64-84
営10:00〜19:00(日曜〜13:00)、サロン・ド・テ火〜土曜10:00〜18:00 休月曜、8月中旬に1週間

Ⓓ
リッツ・パリ・ル・コントワール
Ritz Paris Le Comptoir

最高級ホテル・リッツのパティシエ、フランソワ・ペレ氏のパティスリーがカジュアルに味わえるとあり、2021年オープン後、瞬く間に人気に。イートインも数席あり。

MAP 付録P.16 D-3　　　　　オペラ周辺
所38 Rue Cambon, 1ᵉʳ 交Ⓜ8・12・14号線Madeleineマドレーヌ駅から徒歩5分 ☎01-43-16-30-26 営8:00〜19:00 休日曜

セドリック・グロレのお店は常に行列。ネット購入&店舗受取の「クリック&コレクト」なら並ぶ時間が短くなるのでおすすめです。

パリでしかできないとっておきの体験を／現地だけで楽しめる特別なスイーツ

気軽なオーダーメイドで
自分だけの一品をお持ち帰りしましょう

せっかくパリに来たのだから特別なものがほしい。
そんなときはオーダーメイドしてみませんか？
大切な宝物になること間違いなしですよ。

憧れのシューズをオーダー

レペット
Repetto

有名なダンサー、ローラン・プティの
母親ローズ・レペットが創業したバレ
エ用品店。本店2階でバレリーナシュ
ーズなどをカスタムオーダーできる。

MAP 付録P.16 E-2　　　　オペラ周辺

所 22 Rue de la Paix, 2ᵉ 交 M3・7・8号線
Opéraオペラ駅から徒歩1分 ☎ 01-44-71-
83-12 営 10:00〜19:00（日曜11:00〜18:00）
休 無休

2階の「アトリエ・レ
ペット」でオーダー。
素材やリボンの色、
ヒールの高さなど
が選べる

ディスプレイが美しい店舗1階

オーダーは1時間ほどか
かる。事前予約が理想

| 日数 | 約1か月。日本へ郵送の場合はプラス1週間〜 |
| 予算 | €340 〜（送料約€65〜） |

本店はショーウイン
ドーも見どころ。日
本人スタッフもいる

世界的な
人気を誇る
憧れシューズ

ブランドのアイコンであるバ
レリーナシューズ€275〜は
女優ブリジット・バルドーの
リクエストから生まれた

ブレスレット€155。
文字や素材、色をカ
スタマイズできる

amourブレスレット
€250。文字や素材を
カスタマイズできる

| 日数 | 20分程度〜 |
| 予算 | €100〜500 |

ジュエリー職人が店
内でオーダーに合わ
せて制作する

Loveリング€210。
言葉は5文字以内
でオーダー可

心温まるメッセージ・ジュエリー

アトリエ・ポーラン
Atelier Paulin

ワイヤーを使って手作業で作られる
メッセージや名前入りの指輪、ブレス
レットが大人気。定型の言葉と素材を
組み合わせたセミオーダーのほか、オ
リジナルの言葉のオーダーも可能。

MAP 付録P.5 B-2　　　　ルーヴル美術館周辺

所 60 Rue Richelieu, 2ᵉ 交 M3号線Bourse
ブルス駅から徒歩3分 ☎ 01-76-54-35-48
営 11:00〜19:00 休 日曜

店舗の奥にアトリエがあり
制作風景も見られる

©shehanhanwellage

あなたに合った形を
アドバイスします

オーナー&デザイナー
のスリーズさん

自分に似合う帽子が作れる
ラ・スリーズ・シュル・ル・シャポー
La Cerise sur le Chapeau

帽子デザイナーのスリーズが作るシャ
ポー（帽子）のアトリエ&ブティッ
ク。帽子の形や素材・色、リボンの色
などを選んでオーダーする。

MAP 付録P.19 B-4　サン・ジェルマン・デ・プレ
所 46 Rue du Cherche-Midi, 6ᵉ 交 M12号
線Rennesレンヌ駅から徒歩4分　電 07-87-
33-52-02　営 11:00〜19:00　休 日・月曜

| 日数 | 平均1日（混雑時は3日程度） |
| 予算 | €275〜（麦わら帽子€245〜） |

1 2フェルトの帽子は
約50色（麦わら帽子は
26色）、リボンは約60
色から選べる。+€25
でイニシャルの刺繍も
可能 3既製品の購入
もでき、ベレー帽やロー
ファーなども揃う

麦わら帽子のセミオー
ダーは€245〜

フェルトの帽子は
€275〜。アクセサ
リーも追加できる

刺繍デザインがパリでブレイク
メゾン・ラビッシュ
Maison Labiche

デザイナーとスタイリストのコンビ
が創業した、パリ発信の「刺繍」をコ
ンセプトとしたブランド。刺繍入りの
アイテムを販売するほか、販売商品に
好きな言葉の刺繍も行なっている。

MAP 付録P.14 D-1　北マレ
所 105 Rue Vieille du Temple, 3ᵉ 交 M8
号線Saint Sébastien Froissartサン・セバ
スチャン・フロワッサール駅から徒歩6分
電 01-42-78-63-10　営 11:00〜19:30（日曜〜
19:00）休 無休

言葉のオーダーはア
ルファベットで1行15
文字、2行まで

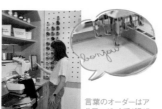

| 日数 | 20〜25分程度 |
| 予算 | 商品の値段+€10程度 |

刺繍入りボーダーシャツ
€95がベストセラー

マレ店のほかサンジェルマン・
デ・プレなど全3店舗あり

刺繍が施されたフェミニンな
シャツも人気

アクセサリーブランドのヌーヴェル・アムール ➡ P.57でも、ペンダントなどに文字の刻印をオーダーできます。

ランドマークから見下ろす
パリの景色も格別です

高いところから眺めると、また違った美しさが感じられるパリの街。
街にはさまざまな展望スポットがありますが、おすすめはやはり、
パリを代表するランドマークの上から見える絶景です。

最上階

南西方向の眺め。
街の遠くまで
見渡せます

パリの街
を一望に！

エッフェル塔の撮影は
シャイヨー宮です

塔の撮影はシャイ
ヨー宮が定番
MAP 付録P.7 A-3

地上276mの最上階へは、第2展望台
でエレベーターを乗り換えてアクセス

第2展望台

「鉄の貴婦人」と称されるパリの顔

エッフェル塔
Tour Eiffel

1889年、パリ万博の目玉として建造されたエッ
フェル塔。当時は街の景観を損なうと批判された
が、今ではパリに欠かせないランドマークとなり、
年間700万人もの人が訪れる。

MAP 付録P.7 B-4

所Champ de Mars, 7e 図RERC線Champ de Mars-Tour
Eiffelシャン・ド・マルス・トゥール・エッフェル駅から徒歩7分、
M6号線Bir-Hakeimビラケム駅から徒歩8分 ☎08-92-70-12-
39 開9:30〜23:45（最上階行き〜22:30、階段〜22:45）、夏季
9:00〜翌0:45（最上階行き〜23:30、階段〜23:45）※入場は終
了の1時間前まで 困無休 料第2展望台まで€18.80（階段
€11.80）、最上階まで€29.40（階段＋エレベーターは€22.40）

街並みが間近に見える。
階段（674段）でも行ける

第1展望台

公式ショップでおみやげを

キーホルダー
とピンのセッ
ト€8.95

店舗限定の
トートバッグ
€19.95、マグ
€14.95

シャン・ド・マルス公園の
緑が眼下に。ショップや
レストランも充実の階

眺望スポットは他にもあります

モンパルナス・タワー MAP 付録P.10 E-4やポンピドゥー・センター ➡P.115、2大デパートの屋上 ➡P.60・61、アラブ世界研究所 MAP 付録P.8 D-3の展望台もおすすめ。

フランスの勝利と栄光を讃える門

凱旋門
Arc de Triomphe

1806年、戦勝記念としてナポレオン1世の命で着工した、高さ50m、幅45mの巨大なアーチ。ここを起点に、シャンゼリゼ大通りをはじめ12本の通りが放射状に延びるさまを屋上から見渡せる。

MAP 付録P.7 B-1　　　　シャンゼリゼ大通り周辺

所 Pl. Charles de Gaulle, 8ᵉ 交 Ⓜ1・2・6号線Charles de Gaulle-Étoileシャルル・ド・ゴール・エトワール駅から徒歩2分 ☎01-55-37-73-77 開 10:00〜23:00（10〜3月〜22:30）、入場は閉館の45分前まで 休 一部祝日 料 €16（11〜3月の第1日曜無料）

まっすぐ延びるシャンゼリゼ大通りがきれいです

全284段の階段を上って展望台へ。360度の開放的な眺めが広がる

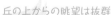
エッフェル塔もよく見えます

シャンゼリゼ大通りから地下道を通ってアクセスする。外観は見学自由

青空に映える白亜の塔と街並みがフォトジェニック

丘の下に広がるパリの眺めは、他の眺望スポットとはひと味違った魅力がある

丘の上の眺めも素敵

寺院前からも街の眺望が楽しめる

丘の上からの眺望は抜群

サクレ・クール寺院
Basilique du Sacré-Cœur

モンマルトルのシンボル、白亜のサクレ・クール寺院。パリ中心部より100mほど高い丘の上に建っており、ドームに登ればパリの街並みを一望するダイナミックな眺めが楽しめる。

MAP 付録P.20 F-2　　　　モンマルトル
➡P.103

寺院の正面左側にドームへの入口がある

エッフェル塔は常に長蛇の列なので、公式サイトから事前のチケット購入がおすすめです。各日、定員があるのでお早めに。

ランチにもおみやげ探しにも使える パリ流マルシェの楽しみ方

フランスの食文化を体感できるマルシェ（市場）。パリジャンにとって
近くによいマルシェがあるのは、生活の重要ポイントなのです。
ランチに、おみやげ探しに、いろいろな楽しみ方ができますよ。

マルシェでお買いもの

ジャムやはちみつ、石けんはおみやげに、
チーズやワインはホテルやピクニックで
の食事に最適。

マルシェの歩き方

一本道または広場に出店が並ぶ。ひ
ととおり歩いてチェックしてから買
いものを。食べ歩きしながらの物色も楽しい。
エコバックを持参し、スリには十分注意を。

ビオ農園の
果物です

焼菓子はいか

安眠効果があ
る菩提樹のエ
キス€9.50

フランスの
ニヨン産アロ
マ石けん1個€8.20

ナチュラルワ
イン€10。ロ
ゼもあり

ハート形で塩味が
強いチーズ、ヌフ
シャテル€8.10

フルーツたっぷり
のタルト1個€5

花はパリジャンの
生活に欠かせない

めずらしいスイカ
のジャム€8.95

出店がひしめく
一本道に、地元
の人々が集う

おみやげや
おやつにいかが？

はちみつも種
類豊富に揃う。
€6.50〜

オーガニック野菜や果物がふんだん

マルシェ・ビオ・ラスパイユ
Marché Biologique Raspail

毎週日曜に開催されるパリ最古のビオ
（自然食品）市が人気。野菜や果物のほか、
パンやジャムなどの加工品も揃う。

MAP 付録P.19 B-4　サン・ジェルマン・デ・プレ

所 Bd. Raspail, 6e 交 M12号線Rennesレンヌ
駅から徒歩1分 営 火・金曜7:00〜13:30、日曜ビ
オ限定市7:00〜14:30

マルシェでランチ

イートインできるマルシェでランチもおすすめ。パリで最も歴史あるマルシェで、多国籍の味を楽しんで。

人気店の代表格よ

モロッコ料理

モロッコ料理「トレトゥール・マロカン」でクスクス€9〜やミントティーを

クレオール料理

フランス海外領土アンティーユ諸島の味を提供「コロソル」

イタリアン

ナポリの家庭料理「レボッティ・ダニエル」

ハンバーガー

農家直送の牛肉使用「ル・バーガー・フェルミエ」

多国籍料理が集まる

マルシェ・デ・ザンファン・ルージュ
Marché des Enfants Rouges

1615年開設のパリ最古のマルシェ。イートインできる店が集まり、ランチタイムには地元の人々でにぎわう。

MAP 付録P.12 C-5　　北マレ

所 39 Rue de Bretagne, 3ᵉ 交 Ⓜ8号線Filles du Calvaireフィーユ・デュ・カルヴェール駅から徒歩5分 営 火〜土曜8:30〜20:30（木曜〜21:30、日曜〜17:00）※店舗により異なる

さまざまなイートインのスタンドが並ぶ。昼どきは行列ができる

こちらもおすすめ

その他の観光におすすめのマルシェはこちらです。

最もにぎわうマルシェのひとつ

マルシェ・ダリーグル
Marché d'Aligre

アリーグル通りの屋外市場と、常設市場マルシェ・ボーヴォーが隣接。

MAP 付録P.22 D-4　　バスティーユ

所 Rue d'Aligre et Pl.d'Aligre,12ᵉ 交 Ⓜ8号線Ledru-Rollinルドリュ・ロラン駅から徒歩5分 営 火〜金曜7:30〜13:30（土・日曜〜14:30）※常設市場は火〜金曜8:00〜13:00、16:00〜19:30（土曜8:00〜19:30、日曜8:00〜13:30）

活気あふれるパリ最大級のマルシェ

マルシェ・バスティーユ
Marché Bastille

パリ最大規模。メトロ1区間、約400mの長さにわたって食品、衣料品、家具などさまざまな店が軒を連ねる。

MAP 付録P.23 A-1　　バスティーユ

所 Bd. Richard Lenoir, 11ᵉ 交 Ⓜ1・5・8号線Bastilleバスティーユ駅から徒歩2分 営 木曜7:00〜13:30、日曜7:00〜14:30

高級住宅街の注目マルシェ

マルシェ・プレジダン・ウィルソン
Marché Président Wilson

プレジダン・ウィルソン通りで開催される、地元マダムやレストランのシェフたちに愛されるマルシェ。

MAP 付録P.7 B-3　　エッフェル塔周辺

所 Av. du Président Wilson, 16ᵉ 交 Ⓜ9号線Iénaイエナ駅またはAlma Marceauアルマ・マルソー駅から徒歩5分 営 水曜7:00〜13:30、土曜7:00〜14:30

マルシェ・デ・ザンファン・ルージュには他にもレバノン料理、和食、ビストロなどさまざまなお店があります。

美食とともに景色を堪能
セーヌ川ランチ＆ディナークルーズ

「パリのセーヌ河岸」として世界遺産に登録されているセーヌ川。
その美しい河岸の風景を、洗練された食事とともに堪能しませんか。
船の上でいただく優雅なランチやディナーは、特別な思い出になりそうです。

盛り付けも美しいランチの前菜例

環境を重要視した騒音のないエコ船の設計は建築家のジェラール・ロンザッティ。視界の広さも魅力

クルーズが折り返し地点にさしかかる頃、メインの料理が登場。ランチは3皿€105、ワイン付きで€160。4皿とワインで€265のコースも

サーブも高級レストラン同様のエレガントさ

Lunch Menu 例 (€105コース)

アミューズ：エンドウ豆とチャイブ、キャビア

前菜：手長エビの冷製、柑橘類とハーブ添え

メイン：
メーグルの蒸したもの、ナスのコンフィ、ゴマとバジル

デザート：
アラン・デュカスのショコラ、フィヤンティーヌとプラリネ

客室の下に本格的な厨房が

エコな遊覧船でアラン・デュカスの美食を堪能

デュカス・シュル・セーヌ
Ducasse sur Seine

100%電気で動く遊覧船内に厨房を造り、地上レストランと同じクオリティの料理を提供。景観と美食が融合する豪華なクルージングを。

夜もステキです

美しいインテリアが際立つロマンチックなディナータイム

©Pierre Monetta

美食とともに望むパリ名所も格別

MAP 付録P.7 B-4 📷　　エッフェル塔周辺
🏠 19 Port Debilly, 16ᵉ 🚇 Ⓜ6・9号線Trocadéro
トロカデロ駅から徒歩7分 📞 01-58-00-22-08
🕐 ランチ土・日曜12:45〜（所要1時間45分）、ディナー20:30〜（所要2時間）🈺 無休 💴 昼€105
〜、夜€160〜 ※公式サイトなどから要予約

エッフェル塔の対岸に発着所がある

●ルーヴル美術館

オルセー美術館●　　　　シテ島

START

●エッフェル塔

遊覧クルーズいろいろ

ポン・ヌフ発着が便利なヴデット・デュ・ポンヌフ **MAP** 付録P.9 B-1や、食事付きクルーズも充実の バトー・パリジャン **MAP** 付録P.7 B-4があります。

1949年創業の老舗のクルーズ会社

バトー・ムッシュ Bateaux-Mouches

ガラス張りの船内で景色を楽しみながら本格フレンチを楽しめる。毎日運航のディナークルーズが人気。ランチと20:30〜のディナーは生演奏も。

MAP 付録P.7 C-3 🕐 シャンゼリゼ大通り周辺

📍Pont de l'Alma, 8ᵉ 🚇Ⓜ9号線Alma Marceauアルマ・マルソー駅から徒歩3分 ☎01-42-25-96-10
🕐ランチ土・日曜、祝日12:30〜（所要1時間45分）、ディナー17:50〜（所要1時間15分）、20:30〜（所要2時間15分）
💴昼€85、夜€120〜（17:50発は€90）
※公式サイトなどから要予約

デザートのメニュー例。料理は複数から選べる

ガラス張りのためテーブルからの眺めは抜群

Lunch Menu 例（€85コース）

前菜：白キャベツのレムラード、モー産マスタード、ドライ鴨胸肉のスライス

メイン：牛サガリのエシャロット風味、ココット入り小つぶジャガイモ

デザート：カシスのムースアイスのクネル、生ベリー

※アペリティフ、ワイン付き

遊覧クルーズなら

遊覧のみは所要1時間10分。2階は全席オープンエア。

🕐 10:15〜22:30（金〜日曜10:00〜、10〜3月〜22:00）、時間帯により30〜45分間隔で運航 休 無休 💴€15

レストランバスもおすすめ

車窓の風景を楽しみながら食事を

バストロノーム
Bustronome

1階の小さな厨房で作るできたて料理

フレンチのコースをいただきながら、バス2階の大きな窓から見えるパリの名所を観賞。出発は凱旋門の脇から。

MAP 付録P.7 B-1 🕐 シャンゼリゼ大通り周辺

📍2 Av. Kléber, 16ᵉ 🚇Ⓜ1・2・6号線Charles de Gaulle-Étoileシャルル・ド・ゴール・エトワール駅から徒歩2分 ☎09-54-44-45-55
🕐ランチ12:15〜※土・日曜は12:45〜ほか増便あり（所要1時間45分）、ディナー19:45〜、20:45〜（所要2時間45分）休 無休 💴昼€70〜、夜€120〜
※公式サイトなどから要予約

客席の視界は広々。石畳の揺れに負けないようグラスは固定する工夫も

美食とパリの名所を堪能できる

パリでしかできないとっておきの体験を／セーヌ川でランチ＆ディナークルーズ

バトー・ムッシュとバストロノームは子ども用メニューも用意されています。

美術館に併設のカフェ＆レストランで優雅なひとときを

パリの美術館は、カフェやレストランも利用価値大。
旧邸宅や宮殿などの歴史ある建物を利用した特別な空間で
贅沢な時間を過ごしましょう。

朝食には
カフェ・クレーム
をどうぞ

1

2

3

12朝食、ランチ、お茶、ディナーと1日利用できる3アートな内装の店内でくろぎたい

コンコルド広場に臨むテラス席もおすすめ

オテル・ド・ラ・マリンヌに併設

カフェ・ラペルーズ・コンコルド
Café Lapérouse Concorde

オテル・ド・ラ・マリンヌ ➡ **P.19** のカフェレストラン。ディオールのアーティスティック・ディレクターが手掛けた海をモチーフにした内装が魅力。

MAP 付録P.17 C-3 ⏰ マドレーヌ寺院周辺

所 2 Pl. de la Concorde, 8e 交 Ⓜ1・8・12号線
Concordeコンコルド駅から徒歩1分 ☎ 01-53-93-65-53 営 8:00〜11:00、12:00〜15:00、15:00〜18:00、19:00〜23:00 休 無休 料 ドリンク€5.50〜、昼€40〜、夜€52〜

ヴィクトル・ユゴー記念館に併設

カフェ・ミュロ
Café Mulot

気鋭のシェフ、ファビアン・ルイヤール氏に引き継がれた老舗メゾン・ミュロ ➡ **P.88** の隠れ家的なカフェ。パティスリーや軽食メニューが充実している。

MAP 付録P.14 E-3 マレ

所 6 Pl. des Vosges, 4e 交 Ⓜ1・5・8号線Bastilleバスティーユ駅から徒歩6分 ☎ 01-82-83-03-80 営 10:00〜17:45 休 月曜 料 ドリンク€2.80〜、食事€9.50〜

1

2

1ロマンティックな中庭のテラス席が人気 **2**キッシュ€9.50、アールグレイティー€5.50でランチ

評判の
パティスリー
もお試しを

Maison de Victor Hugo
ヴィクトル・ユゴー記念館

文豪ユゴーが1832〜48年に暮らした邸宅。

開 10:00〜18:00 休 月曜、一部祝日 料 無料

人気オーガニックカフェのサロン・ド・テ
ローズ・ベーカリー（Rose Bakery）運営のサロン・ド・テが、フランス国立図書館リシュリュー館 ➡ P.18、ロマン派美術館 ➡ P.117 などにあります。

オルセー美術館に併設

ル・レストラン・ミュゼ・ドルセー
Le Restaurant Musée d'Orsay

オルセー美術館 ➡ P.112 の2階（日本式3階）にあるレストラン。シャンデリアが灯る華やかな空間でいただくフレンチは本格的ながら比較的リーズナブル。

MAP 付録P.6 F-4　サン・ジェルマン・デ・プレ

所 Esplanade Valéry Giscard d'Estaing,7ᵉ
交 RER C線Musée d'Orsayミュゼ・ドルセー駅から徒歩1分／ Ⓜ12号線Solférino ソルフェリノ駅から徒歩5分
☎ 01-45-49-47-03　営 11:45～17:30（ランチ～14:30、木曜ディナー 19:00～21:30）　休 月曜
料 昼€31～、夜€38～

©Stefan Meyer

❷❸❹: © Merci Bien

❶駅舎時代は併設ホテルのダイニングルームだった ❷天井のフレスコ画は当時のまま

美術鑑賞の合間に美食も楽しんで

❸❹ランチはアラカルト前菜€16～など。木曜のみディナーあり

❶料理は正統派フレンチ
❷美しい内装の店内席

回廊のテラス席が特等席

ルーヴル美術館に併設

ル・カフェ・マルリー
Le Café Marly

ルーヴル美術館 ➡ P.108 の回廊がテラス席で、ピラミッドを一望できる。空間デザイナーのコスト兄弟による内装もシックで優雅。

MAP 付録P.5 B-4　ルーヴル美術館周辺

所 Musée du Louvre, 1ᵉʳ　交 Ⓜ1・7号線Palais Royal Musée du Louvreパレ・ロワイヤル・ミュゼ・デュ・ルーヴル駅から徒歩3分　☎ 01-49-26-06-60　営 8:30～翌2:00　休 無休　料 昼・夜€36～

ランチ（12:00～15:00）とディナー（18:30～23:30）以外も軽食の利用が可能

Photos：©Angela Di Paolo

邸宅カフェで人気のカフェ・ジャックマール・アンドレ **MAP** 付録P.6 D-1 は、2024年9月の美術館改装オープンと同時に再開予定です。

最先端のアートを体感できる
話題のミュージアムへ

芸術の都パリでは、ルーヴル美術館などの王道のほかにも
個性的な美術館がさまざまあります。
常に話題のアートスポットで、ひと味違う体験をしてみませんか。

ここに注目

森に溶け込む奇抜な建物をじっくり鑑賞したい。屋上からの360度のパノラマも見応えあり。

©Gehry Partners, LLP and Frank O.Gehry -
Photo Iwan Baan, 2014

1階にある池からの眺めはまさに帆船
©Gehry Partners, LLP and
Frank O.Gehry - Photo Iwan
Baan, 2014

3600枚のガラスと、鉄骨と木による12枚の「帆」で覆われた建物
©Gehry Partners, LLP and Frank O.Gehry
©Fondation Louis Vuitton / Louis-Marie Dauzat

常設展示や企画展のほかイベントも開催している
©Iwan Baan, 2014

併設ショップもおすすめ

トートバッグや小物などのオリジナルグッズが大人気

森に建つガラス張りの巨大建築
フォンダシオン
ルイ・ヴィトン
Fondation Louis Vuitton

ルイ・ヴィトン財団による美術館。建築の奇才フランク・ゲーリーによる、森を走る帆船のような異色の風貌の建物が特徴。現代アートの発信地としてさまざまな企画展を開催。

MAP 付録P.3 B-2　　市街西部

所8 Av. du Mahatma Gandhi Bois de Boulogne, 16ᵉ 📞01-40-69-96-00 交Ⓜ1号線Les Sablonsレ・サブロン駅から徒歩15分／シャルル・ド・ゴール広場**MAP**付録P.7 **B-1**からシャトルバスあり(往復€2※公式サイトからも購入可) 営企画展や時期により異なる 休火曜、一部祝日 料€16(企画展により異なる)
※公式サイトなどから日時予約推奨

オートクチュールにうっとり
イヴ・サンローラン美術館
Musée Yves Saint Laurent

かつてYSLが本社を構えていた豪奢な建物を、ピエール・ベルジェ＝イヴ・サンローラン財団が改装。美術館として公開されている。

MAP 付録P.7 C-3　　シャンゼリゼ大通り周辺

所5 Av. Marceau, 16ᵉ 交Ⓜ9号線Alma Marceauアルマ・マルソー駅から徒歩2分 📞01-44-31-64-00 営11:00〜18:00(木曜〜21:00)、入場は閉館の45分前まで 休月曜、一部祝日 料€10

ここに注目

美しい衣装のコレクションを間近に鑑賞できるほか、当時のアトリエの様子も再現。

展示は企画展のみで定期的に入れ替わる。写真左は1965〜97年、下は1965〜2000年のオートクチュール

Photos：©Thibaut Voisin

フランスで愛されたアーティストの記念館

セルジュ・ゲンズブールが22年間住んだ家が、メゾン・ゲンズブール（Maison Gainsbourg）として2023年より一般公開されています。 **MAP**付録P.9 A-1 ※公式サイトから要日時予約

歴史建造物内で現代アートを鑑賞

ブルス・ド・コメルス・ピノー・コレクション
Bourse de Commerce-Pinault Collection

2021年開業。文化遺産の建物を改修し、実業家のフランソワ・ピノー氏が50年余かけて収集した現代アートコレクションを展示。

MAP付録P.5 C-3　　　レ・アル

所 2 Rue de Viarmes,1er 交 M4号線 Les Hallesレ・アル駅から徒歩5分
℡ 01-55-04-60-60 開 11:00〜19:00（金曜〜21:00）、入場は閉館の45分前まで 休 火曜、一部祝日 料 €14、第1土曜17:00〜 21:00無料
※公式サイトなどから日時予約推奨、無料日は予約必須

©Maxime Tétard, Studio Les Graphiquants, Paris

©Patrick Tourneboeuf
クーポール（丸天井）の壁画は1889年のもの

©Vladimir Partalo
18世紀に建造。20世紀前半までは商品取引所だった

クーポールの下にぐるりと展示室が並ぶ
©Claire Lavabre

ここに注目
日本人建築家の安藤忠雄氏が再設計を担当。歴史的な建造物に新たな息吹を吹き込んだ。

※Photos：©Tadao Ando Architect & Associates, Agence NeM / Niney et Marca Architectes, Agence Pierre-Antoine Gatier Courtesy Pinault Collection

---

©CUTBACK _ CULTURESPACES
過去に開催されたパウル・クレー展。床と壁一面に映像が広がる

©Culturespaces/Eric Spiller

ここに注目
空間全体に作品が投影され、その中を歩く体感型展示。まるで絵の中にいるような気分に。

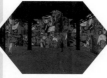

©Culturespaces/Eric Spiller

©Bridgeman Images
2025年1月5日まで開催の「ファラオのエジプト」

1835年建造の鋳造工場跡。10mの天井高を活かした投影を行う

没入型のアートを体験

アトリエ・デ・リュミエール
Atelier des Lumières

パリ発のデジタルアートセンター。総面積3300㎡の床と壁一面に、140もの映写機から3000点以上のイメージが次々と映し出されるさまは圧巻。デジタルを駆使した新世代アートを体感したい。

MAP付録P.2 E-2　　　市街東部

所 38 Rue Saint-Maur, 11e 交 M3号線Rue Saint-Maurリュ・サン・モール駅から徒歩5分
℡ 01-80-98-46-00 開 10:00〜18:00（金・土曜〜22:00、日曜〜19:00）※学校休暇中など変更あり、入場は閉館の1時間15分前まで 休 無休
料 €17（現地購入＋€2）※オンラインチケット売り切れの場合、当日の現地販売なし

ブルス・ド・コメルス・ピノー・コレクションには、3つ星シェフのパリ初レストラン「アール・オ・グラン」があります。

パリジャンの憩いの場所
サン・マルタン運河をおさんぽ

サン・マルタン運河周辺はのんびりくつろぐ地元の人で
いつも賑わっています。人気のお店やカフェもたくさんあるので
パリの日常を感じながらおさんぽしてみましょう。

おしゃべり
しながら日光浴
気持ちいい♪

のんびり
読書タイムよ

a エリアを代表する 名物カフェ

テン・ベル
Ten Belles

2012年のオープン以来、国際色豊かな客層で賑わうカフェ。自家焙煎のコーヒーはもちろん、自家製パンを使ったサンドイッチや焼き菓子もおいしいと評判。

次々と人が訪れる人気店。2階席もある

有機小麦の手作りパン

サンドイッチ（ハーフ）€4.35〜、カフェ・クレーム€4.50

MAP 付録P.13 C-1

所 10 Rue de la Grange aux Belles, 10ᵉ 交 Ⓜ5号線Jacques Bonsergentジャック・ボンセルジャン駅から徒歩6分 ☎09-83-08-86-69 営8:30〜17:30（土・日曜9:00〜18:00）休無休

おしゃれな外観が目を引く

b 旬なアートを体感できる オシャレな書店

アルタザール
Artazart

運河沿いでひときわ目立つオレンジの外観のアート書店。アート本だけでなく、大人も楽しめる絵本やセレクト雑貨なども揃っている。

センスのよい本を眺めるだけで楽しい

MAP 付録P.13 C-1

所 83 Quai de Valmy, 10ᵉ 交 Ⓜ5号線Jacques Bonsergentジャック・ボンセルジャン駅から徒歩4分 ☎01-40-40-24-00 営10:30〜19:30（土・日曜11:00〜）休無休

店内にはモード雑誌もズラリと並んでいる

サン・マルタン運河でもクルーズを楽しめます。詳細は **URL** www.pariscanal.com, www.canauxrama.com

定番人気

VEJAのスニーカー€160

女性・男性・靴コーナーがある

c エコ・ブランドが 提案するモードな生活

サントル・コメルシアル
Centre Commercial

シューズ&革製品ブランド「ヴェジャ」がプロデュースするモードの店。サスティナブルでデザイン性も高い品揃えが人気。

MAP 付録P.13 C-2

所 2 Rue de Marseille, 10e 交 M5号線Jacques Bonsergentジャック・ボンセルジャン駅から徒歩2分 ☎ 01-42-02-26-08 営 11:00〜20:00（日曜14:00〜19:00）休 無休

パリジェンヌもお気に入り

1天井から光が差し込む店内 **2**エシカルなコンセプトのセレクトショップ

e ぬくもりある手作り アクセサリーが人気

ダンテ・エ・マリア
Dante & Maria

ジュエリーデザイナー、アニエスのアトリエ兼ブティック。「自然・動物・鳥・花・言葉」をテーマに、ひとつひとつ丁寧に手作りされた繊細なアクセサリーが並ぶ。

MAP 付録P.13 C-1

所 3 Rue de la Grange aux Belles, 10e 交 M5号線Jacques Bonsergentジャック・ボンセルジャン駅から徒歩5分 ☎ 01-70-22-62-13 営 12:00〜19:00（土曜11:30〜、日曜〜17:00）休 月曜、1〜3月の日曜、8月に1〜2週間

d 1930年代の名画『北ホテル』 の舞台で知られる

オテル・デュ・ノール
Hôtel du Nord

名作映画の舞台となった歴史あるホテルで、現在はブラッスリーとして営業。古きよきパリの雰囲気が漂う店では、ジャズライブなどのイベントも定期的に行われる。

MAP 付録P.13 C-1

所 102 Quai de Jemmapes, 10e 交 M5号線Jacques Bonsergentジャック・ボンセルジャン駅から徒歩5分 ☎ 01-40-40-78-78 営 8:00〜翌1:00（金・土曜〜翌2:00）休 無休 料 昼€18〜、夜€30〜

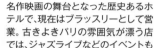

カフェとデザートのセット€9

歴史を感じる建物と店内の雰囲気も魅力

1インテリアも素敵 **23**シンプルなものからユニークな形までさまざま。お気に入りを見つけたい

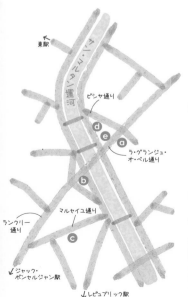
東駅
サン・マルタン運河
ビシャ通り
d *e* *a*
ラ・グランジュ・オ・ベル通り
b
マルセイユ通り
ランクリー通り
c
ジャック・ボンセルジャン駅

レピュブリック駅

サントル・コメルシアルがあるマルセイユ通りには、アニエス・ベー、A.P.C.などのフレンチブランド店が並びます。

きらめく光に誘われて
夜のパリへ出かけましょう

昼とはまた違う輝きを見せてくれる夜のパリの街並み。
ランドマークの美しいライトアップや、夜の美術館を見学したら、
雰囲気のいいバーへ。夜のパリを存分に味わってください。

夜景の名所へ
重厚な建造物が、ライトアップで
幻想的な雰囲気に生まれ変わります

光の塔に
感動！

エッフェル塔
Tour Eiffel
➡P.30

毎正時から5分間は、白い
ライトが点滅する特別イル
ミネーションも実施

コンコルド広場
Place de la Concorde

MAP 付録P.17 B-4 マドレーヌ寺院周辺

図 Ⓜ1・8・12号線Concordeコンコ
ルド駅から徒歩1分

噴水やオベリスクなど
広場全体が光り輝く

サクレ・クール寺院
Basilique du Sacré-Cœur
➡P.103

夜空に映える
神秘的な姿

丘の上に建つ寺院がラ
イトアップされ、美しい
姿が浮かび上がる

凱旋門
Arc de Triomphe
➡P.31

ライトアップされた凱旋門は、
より荘厳な雰囲気が漂う

ネオ・ルネサンス様
式の建物の美しさが
際立つパリ市庁舎

パリ市庁舎
Hôtel de Ville

MAP 付録P.15 A-3　　　　マレ

圙Pl. de l'Hôtel de Ville, 4e 図Ⓜ
1・11号線Hôtel de Villeオテル・ド・ヴ
ィル駅から徒歩1分

宮殿のような
豪華な雰囲気

オペラ大通りの
奥に浮かび上が
る、パリを代表す
る芸術の殿堂

オペラ座
（パレ・ガルニエ）
Palais Garnier
➡P.120

ナイトショーや観劇も
夜の過ごし方としてはナイトショー➡P.121やオペラ観劇も人気。また夜のセーヌ川クルーズも河岸の夜景が美しく、おすすめです。

★

夜の美術館へ
昼とは違った雰囲気のなかでの絵画鑑賞は格別な思い出に

／ 美術館の夜間オープン情報 ＼

・ルーヴル美術館 ………………………… ➡P.108
　水・金曜21:00まで
・オルセー美術館 ………………………… ➡P.112
　木曜21:45まで
・国立近代美術館 ………………………… ➡P.115
　21:00まで（企画展のみ木曜23:00まで）
・アトリエ・デ・リュミエール ………… ➡P.39
　金・土曜22:00まで

ライトアップされたルーヴル美術館。昼間より落ち着いて絵画鑑賞が楽しめる

素敵なバーで一杯
雰囲気がよく、安心してお酒を楽しめる店で素敵な夜を

★

■70年代ディスコ風。ライブも随時開催 ■コーヒー風味の「ザ・テンプテーションズ」€15

音楽を聴きながら特製カクテルを
グルーヴィ Grouvie

人気店「ブラッスリー・デ・プレ」2階にある、フランス産アルコールを使った特製カクテルを味わえるバー。グルーヴィな音楽とともに、パリの夜を楽しみたい。

MAP 付録P.18 F-3　　　　　　サン・ジェルマン・デ・プレ
面6 Cours du Commerce Saint-André, 6e 交M4・10号線Odéonオデオン駅から徒歩1分 ℡01-42-03-44-13 営18:00～翌2:00
休無休 料カクテル€13～

■70年代ディスコ風。ライブも随時開催 ■コーヒー風味の「ザ・テンプテーションズ」€15

雰囲気のよい店内でワインを
レクリューズ L'Écluse

パリに2店舗を展開する人気のワインバー。フランス全土をはじめ、世界のワインを取り揃える。料理は牛肉のタルタルなど、ワインに合うクラシックなフレンチ。

MAP 付録P.16 E-3　　　　　　　オペラ周辺
面34 Pl. du Marché St-Honoré, 1er
交M7・14号線Pyramidesピラミッド駅から徒歩3分
℡01-42-96-10-18 営12:00～23:55 休日曜
料ワイン€6～、昼・夜€40～

■フランスの名酒をぜひ味わいたい ■おしゃれで落ち着いた店内 ■シャルキュトリー€15～

夜間の外出は昼間以上に安全に気をつけたいところ。暗い道や場所での一人歩きは避け、荷物にも気を配るなどの注意が必要です。

ラデュレのサロン・ド・テで
優雅に朝食をいただきます

マカロンで有名なラデュレでは、実は朝食も人気です。
朝食セットもありますが、とくにおすすめの
パン・ペルデュ(フレンチトースト)をご紹介します。

2階にあるティーサロンは貴族
の邸宅のような空間

> パン・ペルデュ
> Pain perdu

パン・ペルデュはいくつかあり、こちらはバニラ
ホイップたっぷりのバナナキャラメル€14

マカロンも
どうぞ！

マカロンは1個€2.70(テイクアウト
価格)。定番のほかシーズン限定品
も試してみて

パン・ペルデュは
一日中オーダー
できます

ショッピング通り
の一角に溶け込む
ラデュレグリーン
の外観が目印

ラデュレ・パリ・ボナパルト
Ladurée Paris Bonaparte

パリ市内に十数店舗ある中でサン・ジェル
マン地区にある同店は、地元の人も多く訪れ
る落ち着いた佇まいが魅力の店。

MAP 付録P.18 D-1　　サン・ジェルマン・デ・プレ

所 21 Rue Bonaparte, 6ᵉ 交 Ⓜ4号線Saint-
Germain-des-Présサン・ジェルマン・デ・プレ駅か
ら徒歩3分 ☎ 01-44-07-64-87 営 8:30〜19:00
休 無休 料 朝食セット€21〜

オリジナル雑貨も
あります

お茶の時間には、イスパハン
€13(手前)やルリジューズ€13
などのパティスリーはいかが？

1 マカロンキーホルダー€43
2 マチ付きエコバッグ€12
3 キャンドル€51

44

私だけのお気に入りを
探しにおでかけ

パリ旅行の楽しみのひとつといえばショッピングです。
街のあちこちを歩けば、ひと目ぼれしてしまうほど
かわいいもの、素敵なものがあふれていて、
全部ほしくなってしまいます。
洋服やアクセサリー、テーブルウエアからフレンチ雑貨まで、
パリらしさいっぱいのアイテムを見つけに出かけましょう。

ウインドー
ショッピングも
楽しい

パリジェンヌに愛される
ファッションブランドのお店へ

いつ見てもおしゃれなパリジェンヌのファッション。
そんな彼女たちの心をとらえて離さない人気店を紹介します。
パリジェンヌ気分でとっておきの一着を見つけましょう。

スモーキーでウッディな癒やしの香りのキャンドル€50

パリのアパートがコンセプト

ラパルトマン・セザンヌ
L'Appartement Sézane

パリジェンヌに支持される人気ブランド、セザンヌによるコンセプトストア。広々とした店内には、洋服のほか小物や雑貨も充実の品揃え。

MAP 付録P.5 C-2　　　　オペラ周辺

🏠 1 Rue Saint-Fiacre, 2ᵉ 🚇 Ⓜ3号線 Sentierサンチエ駅から徒歩4分 ☎ なし 🕐 11:00～20:00 🈺 日曜、8月に3週間

1・**3** パリジェンヌの部屋のようなくつろいだ雰囲気で見て回れる。広い店のすみずみまで、デザイナー・モルガンのセンスが行き渡る **2** ソファが置かれた人気のコーナー。小物や雑貨も豊富に揃う

定番ニットは鮮やかな色も素敵

POINT
パリジェンヌ等身大の服や雑貨が比較的手頃な価格で手に入る

シンプルかつフェミニンな人気のニット「ジレ・ベリー」€125

日常使いで活躍しそうなバッグ€345はカラーも豊富

パリ流ニュークラシックを提案

メゾン・キツネ
Maison Kitsuné

「Paris meets Tokyo」がコンセプトのライフスタイルブランド。カフェ（●P.16）や音楽レーベルも展開し、国内外で高い人気を誇る。

MAP 付録P.12 D-6　　　　北マレ

🏠 18 Bd. des Filles du Calvaire, 3ᵉ 🚇 Ⓜ8号線Saint-Sébastien-Froissartサン・セバスチャン・フロワサール駅から徒歩1分 ☎ 01-58-30-12-37 🕐 10:30～19:30（日曜11:00～18:30）🈺 無休

1・**2** 流行発信地、北マレにある店舗は2階建てでメンズ、ウィメンズ、小物類が揃う。パリ市内には全5店舗ある **3** アイコンのキツネが刺繍されたキャンバスポーチ€100

タイムレスなストリートスタイルが人気。キツネのアイテムもかわいい

POINT

種類が豊富なスウェットも定番

大きな手描きのロゴが入った定番スウェット€230

ラパルトマン・セザンヌの別店舗

メインブティックの隣には、オンラインストアで購入した商品の受け取りや洋服のお直しなどを行う店舗「コンシェルジュリー」があります。

POINT
フェミニンで少しレトロな雰囲気のドレスやニットに注目を

■2016年にオンラインでスタートし、2019年に初の路面店をオープン ②③店のインテリアもおしゃれでフェミニン

シンプルなスキンケアがルージュ流

パリジェンヌの新ベーシック
ルージュ
Rouje

新世代パリジェンヌのファッションアイコン、ジャンヌ・ダマスが20代で立ち上げたブランドの直営店。アパレルのほかコスメラインも人気。

MAP 付録P.5 C-3　　　　オペラ周辺
所 11 bis Rue Bachaumont, 2ᵉ 交 M3号線Sentierサンチエ駅から徒歩4分 ☎ 01-88-33-60-33 営 11:00〜19:30（日曜13:00〜19:00）休 無休

④2018年から始めたコスメラインも充実。スキン＆ヘアケアとメイクアップアイテムが揃う ⑤アイコニックな花柄のラップドレスは€195 ⑥ヴィンテージスタイルの刺繍入りカーディガン€295

同名ブログで人気を博す
メイク・マイ・レモネード
Make My Lemonade

ライフスタイルに関するアイデアをブログで提案し大ヒットしたリザ・ガシェが、自身がデザインした服を売る店としてオープン。

MAP 付録P.13 C-2　サン・マルタン運河周辺
所 61 Quai de Valmy, 10ᵉ 交 M5・8・9・11号線Républiqueレピュブリック駅から徒歩5分 ☎ 09-67-42-23-97 営 11:00〜20:00（日曜〜19:00）休 8月に2週間

メイド・イン・ヨーロッパです

サイズ展開が豊富で価格も手頃

■サン・マルタン運河沿いの楽しげなショーウィンドーが目印 ②カラフルなアイテムが並ぶ店内に気分も高まる

POINT
洋服と同じようにカラフルでキュートなインテリア雑貨も要チェック

私だけのお気に入りを探しにおでかけ／パリジェンヌに愛されるファッション

近年、アウトレットや規格外品をお手頃価格で販売するブランド直営店が増えているのでチェックしてみましょう。

テーブルを素敵に演出してくれる
パリシックな陶器を探しに

丁寧に手作りされたシンプルながら存在感のある食器たちは
いつもの食卓をワンランクアップさせてくれます。
じっくり吟味してお気に入りをお持ち帰りしましょう。

「シンデレラ」という名
のティーポット€467

ディナー皿€121、デザート
皿€102、スープ皿€109

エスプレッソカップ€73、
光沢が美しい皿€174

トリコロルのコラボ品
は、大皿€104、ミニソー
サー€93、カップ€109

アンティーク
調の水差し
€253は花瓶
としても活躍

NYのアーティスト、ジョン・
デリアンとのコラボ€117

Salut!

洗練された白い陶器で知られる

アスティエ・ド・ヴィラット
Astier de Villatte

人気のパリ発陶器ブランド。市内の
工房でひとつひとつ手作りされる白
い陶器は、黒土の土台に白い釉薬を
かけることで生まれる絶妙なレトロ
感が特徴。人気アーティストとのコ
ラボ商品など、話題も絶えない。

MAP 付録P.5 A-3　　ルーヴル美術館周辺
所 173 Rue Saint-Honoré, 1er
交 M1・7号線Palais-Royal Musée du
Louvreパレ・ロワイヤル・ミュゼ・デュ・ル
ーヴル駅から徒歩3分
℡ 01-42-60-74-13
営 11:00～19:00 休 日曜

お皿がずらりと並ぶ奥の
部屋へも足を踏み入れて

さまざまな器は機能
的にも優れ、インテ
リアとしても映える

レトロな風合い
のランプシェー
ドは€402～

小物もチェック

ダンテル（刺繍）
シリーズの指輪
€200、ブレスレッ
ト€320

カップ€42～、アクセサリ
ーを飾っても素敵

「ルイ16世」シリ
ーズなどのプレ
ートは小€48、中
€68、大€88

12種類あるキ
ャンドルは€90

卓上をおしゃれ
に演出するバタ
ーケース€70

陶器の白さを
いっそう引き
立てる美しい
ブルーグレー
の内装

外から大きな窓越しに見えるデ
ィスプレイにもこだわりが

フェミニンな器とジュエリーの店
アリックス・デ・レニス
Alix D.Reynis

元公証人のアリックスがオープンし
た店。サン・ジェルマン・デ・プレにあ
る別店舗内のアトリエで彼女が型作
りをし、リモージュ焼の職人が仕上
げた繊細で美しい陶器が並ぶ。オリ
ジナルジュエリーも評判。

MAP 付録P.12 D-6　　　　　　北マレ
🏠 14 Rue Commines, 3ᵉ
🚇 M⑧号線Filles du Calvaireフィーユ・デ・
デュ・カルヴェール駅から徒歩2分
☎ 01-56-06-90-66　⏰ 11:00～19:00
休 日曜、8月に2週間

VICHYシリーズの
スプーンとフォーク
各€14.70

テーブルを賑やかに彩る
サーブル
Sabre

ドットや花柄などのポップな柄とさま
ざまな色を組み合わせた、カラフルなデ
ザインが特徴のカトラリーブランド。

MAP 付録P.18 F-3　サン・ジェルマン・デ・プレ
🏠 4 Rue des Quatre Vents, 6ᵉ
🚇 M④・⑩号線Odéonオデオン駅から徒歩2分
☎ 01-44-07-37-64　⏰ 10:00～13:30、14:00～
19:00　休 日曜

かわいいだけでなく使
いやすさでも人気

お手頃なインテリア用品店
メゾン・デュ・モンド
Maisons du Monde

パリ市内に7店舗を展開する総合インテ
リアショップ。広い店内にコスパが高く
かわいい日用雑貨がずらりと並ぶ。

MAP 付録P.5 C-2　　　　オペラ周辺
🏠 5 Bd. Montmartre, 2ᵉ
🚇 M⑧・⑨号線Grands
Boulevardsグラン・ブルヴァ
ール駅から徒歩2分
☎ 01-42-36-00-99
⏰ 10:00～20:00（日曜11:00～
19:00）　休 無休

メラミンの皿€10.50

❶チーズナイフのセット€7.99
❷3フロアの広い店内

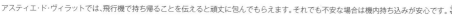
アスティエ・ド・ヴィラットでは、飛行機で持ち帰ることを伝えると頑丈に包んでもらえます。それでも不安な場合は機内持ち込みが安心です。

パリらしいセンスを詰め込んだ
おしゃれでキュートなフレンチ雑貨のお店

パリらしいエスプリが効いた雑貨から、キャラクターグッズまで。
旅のおみやげに、自分へのごほうびに、
かわいくて味のある素敵な雑貨を探しに出かけましょう。

さりげなく
草花を飾って

petit gramme.

1 4 インテリアの参考にした
くなるおしゃれな店内 2 小
ぶりな花瓶がたくさん揃う
3 エレガントな一輪挿しは
€8〜 5 2号店は2015年にオ
ープン。花や植物に彩られた
シックな店は、見るだけでも
楽しい 6 イタリアの認証紙を
使ったフランス製ノート小 €7、
大 €10

パリっ子に大人気の雑貨店
レ・フルール
Les Fleurs

2004年の創業当時、パリでは少なかった
雑貨店の人気の火付け役となった店。雑貨
や文具のほかシックなアクセサリーも揃
い、こちらの2号店ではヴィンテージ雑貨も
扱う。近くの本店にも立ち寄りたい。

MAP 付録P.22 D-3　　　　　　バスティーユ

所 5 Rue Trousseau, 11ᵉ 交 M8号線Ledru-Rollinル
ドリュ・ロラン駅から徒歩3分 電 なし 営 11:00〜
19:30 休 日・月曜、8月に2週間
※本店は **MAP** 付録P.23 C-2

les fleurs

個性的なデザイン雑貨が勢揃い
フリュックス
Fleux

インテリア用品や雑貨をメインに、ファ
ッション小物やアクセサリーなども扱
う大型ショップ。ポップなデザインや、
ユニークなアイテムがぎゅっと詰まっ
た店内は見るだけでも楽しい。

MAP 付録P.15 B-2　　　　　　マレ

所 39 Rue Sainte-Croix de la Bretonnerie,
4ᵉ 交 M1・11号線Hôtel de Villeオテル・ド・
ヴィル駅から徒歩2分 電 01-53-00-93-30
営 10:45〜20:30（土曜10:15〜）休 無休

キュートな
刺繍の
ブローチ

1 2 カラフルで個性的なアイテムが所狭しと並ぶ店内 3 刺繍
を施した布製ブローチ。ワイングラスやエッフェル塔などさまざ
まなモチーフが。€20〜 4 同じ通りの39、40、52番地に3店舗を
展開しているので要チェック

マレ地区のアンティーク街

アンティーク雑貨が好きならヴィラージュ・サン・ポールへ。中庭を囲む建物に、骨董品店やギャラリーが軒を連ねています。**MAP** 付録P.14 D-4

物語の世界に浸れます

『星の王子さま』グッズがずらり

ル・プチ・プランス
Le Petit Prince

2016年にオープンした、世界で唯一の『星の王子さま』グッズ専門店。郵便輸送のパイロットだった作家にちなんで、ポストカードと切手を買って店内で投函できるサービスもある。

MAP 付録P.18 F-2　サン・ジェルマン・デ・プレ
所 8 Rue Grégoire de Tours, 6ᵉ 交 Ⓜ4・10号線Odéonオデオン駅から徒歩3分
☎ 09-86-46-74-09 営 11:00〜19:00
休 日曜

1 人形は大きいもので30cm、€89 2 人気のスノーボール€14.90〜 3 かわいいケース付きマグカップ€9.99 4 他にもキーホルダーなどさまざまなグッズが揃う 5 『星の王子さま』カラーのブルーが目印

オリジナリティあふれる雑貨がずらり

プチ・パン
Petit Pan

色鮮やかなアジアンテイストのテキスタイルやユニークなオブジェが人気。生活雑貨のほか手芸用品や子供用品も扱う。他にモンマルトルにも店舗を構える。

MAP 付録P.15 C-3　　マレ
所 76 Rue François Miron, 4ᵉ 交 Ⓜ1号線St-Paulサン・ポール駅から徒歩2分 ☎ 01-44-54-90-84
営 11:00〜19:00 休 無休

1 2 心がときめくカラフルな店内 3 エッフェル塔のオブジェ€39 4 柄もキュートなキリンのぬいぐるみ€32 5 手芸用品もキュート

さまざまな色柄が揃っています

デパートの雑貨やおみやげ品のフロアでも、パリらしいアイテムが見つかります。 **P.129**

私だけのお気に入りを探しにおでかけ/おしゃれでキュートなフレンチ雑貨

51

香りの国フランスならではの
上質なフレグランスに包まれて…

男女問わず日常的に香水をつけ普段の生活でも香りを大切にする
フランスには、さまざまな香水や香りの商品があります。
こちらのお店なら、お気に入りの香りが見つかるかもしれませんよ。

昔からの製法を守り、独自に調合し
たオリジナルの香水が並ぶ

オー・ド・パルファン
フローラルスイートな
「ハートの王女様」と
いう名の香水€48

フレグランスキャンドル
カメオが刻まれた陶器ポットのキ
ャンドル。200g各€35

ソープ&ソープディッシュ
ジャスミンの香り€25。売上は難
民支援団体に寄付される

インテリアにもなる美しいパッケージデザイン

ビューティセット
オー・ド・トワレット、
ポーチ、鏡のセット
€28。香りは3種類
あり

香水の街グラース発祥のお店

フラゴナール
Fragonard

フレグランスは種類も豊富ながらコスパの高さも人気の秘
密。香りの雑貨や刺繍入りの巾着、衣類などおみやげに最適
な商品も数多く揃う。パリに8店舗を展開。

MAP 付録P.16 D-1　　　　オペラ周辺
所 5 Rue Boudreau, 9e 交 M3・9号線Havre
Caumartinアーヴル・コーマルタン駅から徒
歩3分 ☎01-40-06-10-10 営 10:00〜19:30(日
曜11:00〜19:00) 休 無休

オリジナル雑貨もたくさん

香水のほかおみやげにぴったりの雑
貨類も多数展開。2階もお見逃しなく

人気の刺繍
巾着シリー
ズ€25

ジュエリーの刺繍が
施されたポーチ€25

知っておくと便利な香水の種類

濃度の高い（持続時間が長い）順に、Eau de parfum（オー・ド・パルファン）、Eau de toilette（オー・ド・トワレット）、Eau de Cologne（オー・ド・コロン）。

イマジネーション豊かな香り

グタール
Goutal

オー・ド・トワレット	ハンドクリーム	オー・ド・パルファン
フローラルムスキーなシャ・ペルシェ €100/100ml	シアバターとホホバオイル配合のローズポンポン €40	バラと洋ナシが香るプチ・シェリー €205/100ml

伝統的製法に基づいて作られるこだわりの香水を扱う。自然のエッセンスを用いた上品な香りが特徴。「プチ・シェリー」がベストセラー。

MAP 付録P.18 D-3　　　　サン・ジェルマン・デ・プレ

所 12 Pl. St-Sulpice, 6e
交 M4号線St-Sulpiceサン・シュルピス駅から徒歩3分
☎ 01-46-33-03-15　営 10:00〜19:00　休 日曜

フレグランス界に新風を吹き込む

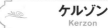
ケルゾン
Kerzon

フレグランス・ミスト	アロマキャンドル	ハンドスプレー
ネロリと柑橘が香るプチ・グラン €39。肌にもリネンにも	「ヴォージュ広場」€39。地区により香りが異なる	洋ナシとバニラの香りのアルコールスプレー €9.50

パリ在住の兄弟によって誕生した現代的なアロマブランド。パリの地区名を冠したキャンドルや香水、グラフィカルなパッケージで話題に。

MAP 付録P.14 E-1　　　　北マレ

所 68 Rue de Turenne, 3e　M8号線Saint-Sébastien Froissartサン・セバスチャン・フロワッサール駅から徒歩4分　☎ 01-57-40-83-45　営 11:00〜14:00、15:00〜19:30（土曜11:00〜19:30）　休 日・月曜、8月に2週間

フレグランスキャンドルで有名

ディプティック
Diptyque

ハンドソープ	アロマキャンドル	オー・ド・トワレット
オリーブ種子を含むスクラブで汚れや角質を除去。€60	カシスの実とローズが香るキャンドルは€38/70g	ツタの香りを感じるオー・ド・トワレール €140/100ml

フレグランスとアロマキャンドルの老舗店ながら、クリエーターとのコラボ商品やスキンケア商品など新製品の開発も続々行なっている。

MAP 付録P.14 E-3　　　　マレ

所 8 Rue des Francs Bourgeois, 3e　交 M1号線St-Paulサン・ポール駅から徒歩4分　☎ 01-48-04-95-57　営 10:30〜19:30（日・月曜11:00〜19:00）　休 無休

プロヴァンスの香りを届ける

デュランス
Durance

ディフューザー	オー・ド・トワレット	ランドリー
木製の花から穏やかに香りが拡散される €25.90	睡蓮をイメージしたフルーティフローラル €37.90	洗濯洗剤や柔軟剤も人気。ラベンダーが香る洗剤€16.50

プロヴァンス地方で生まれたアロマブランドで、ルームフレグランスが有名。製品に使うエッセンスや香料の多くを自社で有機栽培している。

MAP 付録P.16 D-1　　　　マドレーヌ寺院周辺

所 24 Rue Vignon, 9e　交 M8・12・14号線Madeleineマドレーヌ駅から徒歩5分　☎ 01-47-42-04-10　営 10:30〜14:30、15:00〜19:00
休 日曜

フラゴナールのオペラ店は香水博物館を併設。3000年の香水の歴史を学べるほか、香水作りも体験できます。入り口は **MAP** 付録P.16 E-1

パリジェンヌ御用達の日常コスメは
プチプライスなのに優秀です

美容に敏感なパリジェンヌが日常的に愛用するコスメは
手頃な価格ながら効果が高いものばかり。
日本で買うと高価な商品も現地なら気軽に購入できますよ。

Marvis

€3.98

歯みがき粉

人気のイタリアブランドのペースト。ホワイトニングミントは歯を白くすると評判

Caudalie

€1.99

ハンド＆ネイルクリーム

ブドウ種子のオイルやシアバターを配合。乾燥した手指を保湿・保護する

お化粧の上からも使えるミストでリフレッシュ！

Avène

€3.28

アヴェンヌウォーター

日本でもおなじみ、アヴェンヌ温泉水100％のスプレータイプの化粧水

Roger & gallet

€13.89

ボディローション

アロエヴェラとザクロのオイルを配合。持続性の高い香りが肌を包む

Roger & gallet

引き出しに入れてフレグランス代わりにするのもおすすめ

€6.40

石鹸

世界で初めて丸形石鹸を生み出したロジェ・ガレ。香りも豊か

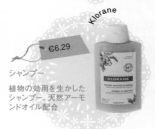

Klorane

€6.29

シャンプー

植物の効用を生かしたシャンプー。天然アーモンドオイル配合

プチプライス有名店はこちら

シティファルマ
Citypharma

地元の人や観光客で常に混雑している格安ドラッグストア。コスメ以外にも医薬品から日常ケア用品まで幅広く揃う。

MAP 付録P.18 D-3 サン・ジェルマン・デ・プレ
所 26 Rue du Four, 6ᵉ 交 Ⓜ4号線St-
Germain-des-Présサン・ジェルマン・デ・プレ駅から徒歩2分 ☎ 01-46-33-20-81
営 8:30～21:00（土曜9:00～、日曜12:00～20:00）休 無休

フランスコスメ定番ブランド

アヴェンヌ (Avène)	南仏ラングドック地方のアヴェンヌ温泉水を使ったスキンケアブランド
クロラーヌ (Klorane)	オーガニックシャンプーの代表。異なる髪質・頭皮用に20種類近い商品がある
コーダリー (Caudalie)	ブドウの種などに含まれる有効成分を生かしたボルドー生まれのブランド
ニュクス (Nuxe)	厳選した自然由来の成分にこだわるナチュラルコスメブランド
ビオデルマ (Bioderma)	皮膚科学に基づくスキンケアブランド。肌本来の働きを大切にする
メルヴィータ (Melvita)	フランス南東部で生まれたオーガニック認証ブランド。アルガンオイルで有名
ロジェ・ガレ (Roger & gallet)	パフュームリーからスタートしたパリ生まれのフレグランスコスメブランド

薬局（ファーマシー）の種類
フランスの薬局には調剤薬品を扱うPharmacie（ファーマシー）と扱わないParapharmacie（パラファーマシー）があります。

私だけのお気に入りを探しにおでかけ／パリジェンヌ御用達の日常コスメ

Tadé

€2.99

マルセイユ石鹸
オリーブオイルから作られる100％天然由来の低刺激でまろやかな固形ソープ

Caudalie

ブドウ畑の色と香りをイメージした香りにうっとり

シャワージェル
アロエヴェラ入りのジェルは洗い流したあともしっとり。人気の「テ・デ・ヴィーニュ」の香り

€4.95

知っておくと便利な単語

石鹸	Savon（サヴォン）
シャンプー	Shampoing（シャンポワン）
化粧水	Lotion（ローション）
保湿クリーム	Crème hydratante（クレーム・イドラタント）
メイク落とし	Démaquillant（デマキオン）
ハンドクリーム	Crème main（クレーム・マン）
リップクリーム	Baume lèvre（ボーム・レーヴル）
ボディクリーム	Crème corps（クレーム・コー）
シャワージェル	Gel douche（ジェル・ドゥッシュ）
乾燥肌	Peau sèche（ポー・セッシュ）
敏感肌	Peau sensible（ポー・サンシブル）
オイリー肌	Peau grasse（ポー・グラス）
乾燥髪	Cheveux secs（シュヴー・セック）
ケア	Soin（ソワン）
化粧品	Produits de beauté（プロデュイ・ド・ボーテ）

Melvita

€11.48

アルガンオイル
「生命の実」といわれる、美容成分がたっぷりの万能オイル

Bioderma

各€3.98

メイク落とし
トラベルサイズの拭き取り用化粧落とし。敏感肌用（左）とオイリー肌用

Nuxe

€3.99

ハンドクリームとリップクリーム
はちみつを配合したハンド＆ネイルクリームとリップクリームのセット

Melvita

€7.49

フローラルウォーター
バラの花びらを1000枚以上使った贅沢な化粧水。全身に使える

ロバのミルクには肌をしっとり整える効果があるそう

Biosince 1975

ロバミルク石鹸
ヨーロッパでは古くからスキンケアで使用され、クレオパトラも愛用したといわれる

€3.29

モノプリ ➡ P.64 などのスーパーも手頃なコスメが揃うので、チェックしてみましょう。

フレンチスタイルのアクセサリーで
おしゃれ度アップを目指しましょう

フランスのアクセサリーは繊細なデザインながら
ほどよく自己主張する、個性豊かなものが多く揃います。
身につければ普段の装いをワンランクアップさせてくれるはずです。

旅からインスピレーションを得て制作

サテリット
Satellite

1986年創業。デザイナーの
サンドリーヌが作るアクセサ
リーは、存在感あるデザイン
が特徴。パリに5店舗ある。

MAP 付録P.14 D-2　　　　マレ

🏠 23 Rue des Francs Bourgeois, 4ᵉ
🚇 Ⓜ1号線St-Paulサン・ポール駅から
徒歩3分 ☎ 01-40-29-41-07 🕐 10:30~
19:30 🈺 無休

■1 バラをあしらった可憐
なリング€75　■2 ボヘミ
アンスタイルのピアス
€80　■3 べっ甲のような
深い色味がシックなブレ
スレット€75　■4 繊細な
透かし彫りのリング€75
■5「ソレイユ」シリーズの
ピアス€75

大人の乙女心を満たすピュアジュエリー

モルガン・ベロ
Morganne Bello

デザイナーのモルガン・ベロが選び抜いた
美しい天然石を使ったジュエリー。かわい
らしさのなかに大人の気品が漂う。

MAP 付録P.16 E-4　　ルーヴル美術館周辺

🏠 3 Rue du Marché St-Honoré, 1ᵉʳ 🚇 Ⓜ1号線
Tuileriesチュイルリー駅から徒歩2分 ☎ 01-42-
60-14-04 🕐 11:00~19:00 🈺 日曜

■1 グリーンアゲート(メノウ)のリング€320　■2 四つ葉のブルークォーツが手首で美しく輝く
ブレスレット€85　■3 他にもさまざまな天然石の種類が揃うブレスレット　■4 ロードクロサイ
トのピアス€310　■5 ゴールド&アメジストが上品さを演出するリング€370

20分で作れる指輪を旅の思い出に
日本人女性がオーナーのタンプール・パリ (Tambour Paris)。好みの石を選んで作れる指輪（左）やニットのアクセサリーが人気です。 MAP 付録P.22 D-3

①②イチョウの葉のモチーフにマザーオブパールを組み合わせたピアス€70、ネックレス€85 ③カタツムリをあしらったフープピアス€80

洗練されたアンティーク感が人気

エリック・エ・リディ
Éric et Lydie

エリックとリディが立ち上げたブランド。花や虫などの個性的なデザインが特徴。

MAP 付録P.5 C-3 　　　　　　　　　　　　レ・アル

所7 Passage du Grand Cerf, 2ᵉ 交Ⓜ4号線Étienne Marcelエチエンヌ・マルセル駅から徒歩2分 ☎01-40-26-52-59 営11:30〜19:00（土曜〜18:30） 休日・月曜、8月に3週間

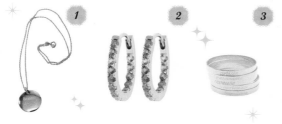

①メッセージ入りペンダント€65〜 ②カラフルなストーンが輝くフープピアス€75 ③メッセージ入りブレスレット各€95

メッセージ入りアクセサリーで有名

ヌーヴェル・アムール
Nouvel Amour

創業者はデザイナー、デルフィーヌ・バリアント。文字の刻印もオーダー可能。

MAP 付録P.12 D-6 　　　　　　　　　　　　北マレ

所10 Rue des Filles du Calvaire, 3ᵉ 交Ⓜ8号線Filles du Calvaireフィーユ・デュ・カルヴェール駅から徒歩2分 ☎01-44-61-16-21 営11:00〜19:00 休日・月曜、8月に2週間

①クリスタルの野イチゴが揺れるピアス€225 ②オルセー美術館とコラボしたシリーズのブレスレット€185 ③クモの巣がモチーフのイヤリング€130

ロマンティックなアクセサリー

レ・ネレイド
Les Néréides

エンゾとパスカル夫妻のブランド。花や動物がモチーフのフェミニンなデザイン。

MAP 付録P.18 D-3 　　　　　　　サン・ジェルマン・デ・プレ

所61 Rue Bonaparte, 6ᵉ 交Ⓜ4号線Saint-Sulpiceサン・シュルピス駅から徒歩3分 ☎09-81-75-78-59 営10:00〜14:00、15:00〜19:00（火・金・土曜は10:00〜19:00） 休日曜

私だけのお気に入りを探しにおでかけ／フレンチスタイルのアクセサリー

ヌーヴェル・アムールでの文字の刻印は店頭で15分ほどで完成。旅の記念になりそうです。

眺めるだけで心がときめく
パリらしさいっぱいの手芸&文具店

手芸ファンでなくても楽しめるおしゃれな手芸専門店や、
クラシカルな趣が魅力の文具店。商品はもちろん、
たたずまいも素敵なお店ばかりで、見ているだけでも楽しめます。

◦ 乙女心がときめく手芸店

かわいいボタンや
小物の宝庫

世界中の手芸ファンがラブコール

ラ・ドログリー
La Droguerie

手芸好きのパリジェンヌで連日大賑
わいの、パリで一番有名な手芸店。ど
のパーツを見てもかわいらしく、手作
り欲がわいてくる。

キャンディのような
カラフルなボタン

ユニークな形
を探してみて

MAP 付録P.5 C-3 　　　　レ・アル

所9-11 Rue du Jour, 1ᵉʳ
交Ⓜ4号線Les Hallesレ・アル駅から徒歩2
分 📞01-45-08-93-27
営10:00～19:00 休日曜

種類豊富な色とり
どりのリボン

■カラフルなリボン。
何色を作ろうかと夢が
ふくらむ ■ほしい
商品をスタッフに伝
えて購入する。行列
ができることもある
ので余裕をもって訪
れたい

〜〜〜〜〜〜〜〜〜〜〜〜〜〜〜〜〜〜〜〜〜〜〜〜〜〜〜〜〜〜〜〜〜〜〜〜〜〜〜

ヴィンテージものを
探すなら

ウルトラモッド
Ultramod

130㎡ある広い店内には
1920年代のデッドストック
や、ヴィンテージのリボン・
ボタンなどが揃う。日本人
スタッフもいるので心強い。

昔ながらの手芸屋さんの風情

おしゃれなアンティーク
リボン€18/m

MAP 付録P.16 F-2 オペラ周辺

所4 Rue de Choiseul, 2ᵉ 交Ⓜ
3号線Quatre Septembreカト
ル・セプタンブル駅から徒歩1
分 📞01-42-96-98-30 営10:00
～18:00（土曜14:00～、8月10:30
～17:30）休日曜（8月は土・日曜）

引き出しに並ぶ
美しい糸は各€8

センス抜群の手芸店

アントレ・デ・フルニスール
Entrée des Fournisseurs

マレのメインストリートか
ら少し奥まった中庭にある、
白い建物にツタの絡まる外
観が印象的な店。フランス
の商品を中心に扱う。

ボタン大€3.20、
小各€3

エッフェル塔型
のハサミ€13

ツタが絡まる
外観も素敵

MAP 付録P.14 E-2 　　　　マレ

所8 Rue des Francs
Bourgeois, 3ᵉ
交Ⓜ1号線St-Paulサン・ポール
駅から徒歩4分
📞01-48-87-58-98
営10:30～19:00
休日曜、8月に3週間

アイテム別に並び、見やすい

クラシックさが魅力の文具店

形違いのペン先とインクのセット€35。カリグラフィーデビューに

キラキラと輝く優美なしおりはデザインも豊富。各€28

高クオリティのアイテムが揃う

メロディ・グラフィック
Mélodies Graphiques

クラシックな趣の店内に、カリグラフィー用のペンやノートなど、飾っておくだけで絵になりそうなアンティーク調の文具が並ぶ。すぐ隣に2店舗目もある。

MAP 付録P.15 B-3　　マレ

所 10 Rue du Pont Louis Philippe, 4e
交 M7号線Pont Marieポン・マリー駅から徒歩5分　☎ 01-42-74-57-68
営 11:00～19:00（月曜15:00～18:00）
休 日曜、8月中旬に1～2週間

■1日本語によるカリグラフィー教室も実施する。詳細はこのページの欄外を参照 ■2ディスプレイも絵になる

■看板商品のオリジナルノート小€14、中€19、大€23

上質な紙製品をおみやげに

レクリトワール
L'Écritoire

1975年創業の歴史ある文具店。フランスをはじめヨーロッパでつくられる高品質な文具が評判。クラシックなアイテムのほか、シールやカード類なども豊富に揃う。

MAP 付録P.4 D-4　　マレ

所 26 Passage Molière, 3e
交 M11号線Rambuteauランビュトー駅から徒歩2分
☎ 01-42-78-01-18
営 11:00～19:00（日曜15:30～18:30）
休 無休

押し花のカード。A～Zの26枚セットで€39ほかさまざまな種類が

エッフェル塔を透し彫りにしたブックマーク各€3.30

パリ名所がメタリックにプリントされたシール12枚€4.80

■1イニシャル入りのシーリングスタンプ€55はカスタマイズが可能 ■22022年にパッサージュ・モリエールに移転オープンした

メロディ・グラフィックのカリグラフィー教室は水・土曜11:00～12:00、€30。予約はInstagramの@melodiesgraphiquesかメールtegakiparis@gmail.comへ。

パリの２大デパートなら
まとめてお買いものができて便利です

有名ブランドからコスメ、インテリア、食品と何でも揃うデパートは
地元の人だけでなく観光客にとっても強い味方です。
思う存分買い物を楽しんだら、館内のカフェで休憩しましょう。

ウィメンズ
WOMEN'S

フロア2〜4階のファッションフロア、
7階のサスティナビリティフロアなど
最新のトレンドに触れられる。

セカンドハンド
のお店も！

1 最先端のモードからカジュアルブランドまで勢揃
い **2** デザイン性の高い雑貨をセレクト「ル・ジョリ
ー・カドー」 **3** 注目は自社セレクトブランド「ランド
ロワ」 **4** 7階ではサスティナブル系のストアが展開

ビューティ・ホーム・キッズ
BEAUTY, HOME, KIDS

地下1階、0階、1階はビューティフロア、
2〜4階の3フロアはホームフロア、
5階はキッズ用品を扱う。

©Manuel Bougot

©Manuel Bougot

1 人気インテリアデザイナー、サラ・ラヴォワンヌがディレクション
したホームフロア **2** #BEAUTYSTAでは旬のコスメが揃う

メンズ＆プランタン・デュ・グー
MEN'S & Printemps du Goût

8・7階にレストランや
パティスリーコーナーがある。

世界最優秀パティシエ、
ニーナ・メタイエ氏など
のケーキが味わえる

© Louise_Marinig

パリのトレンドをゴージャスに演出する

プランタン・オスマン
Printemps Haussmann

1865年創業の老舗。常にパリと世界
の最先端モードを発信し続けるデパー
ト。2022年にロゴとイメージカラーを
一新。サスティナビリティを取り入れ
るなど進化し続けている。

MAP 付録P.5 A-1　　　　　　　　　オペラ周辺

所 64 Bd. Haussmann, 9ᵉ 図 M3・9号線Havre Caumartinアーヴ
ル・コーマルタン駅から徒歩1分 ☎ 01-71-25-26-01
営 10:00〜20:00（日曜・祝日11:00〜） 休 一部祝日

休憩スポット

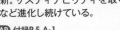

ブルー・クーポール
Bleu Coupole

ウィメンズ館6階のクー
ポール（丸天井）下に
ある、南国ムード満載の
カフェレストラン。テラ
ス席もある。

ラタンチェアでくつろいで

こちらもおすすめ、パリのデパート

ほかには、マダム御用達のル・ボン・マルシェ
➡ P.104、再オープンしたサマリテーヌ・パリ・
ポン・ヌフ➡ P.18などがあります。

本館
COUPOLE

0階は広々としたコスメフロア、
1～3階は流行ブランドが展開。
4階は世界最大級の規模を誇る靴売り場。

6Fにはおみやげ
コーナーも➡ P.129

©GaleriesLafayette

1 世紀の歴史を
物語る美しいクー
ポール（丸天井）が
売り場を彩る。天
井から下がるデコレ
ーションはクリスマ
スシーズンが最も
華やか **2** 4階の1
フロアを占める靴
売り場。ここでしか
見つからないブラン
ドも多い

グルメ館
LE GOURMET

「フランス式豊かな生活」がテーマ。
地下1階、0階がグルメフロア、
1階がレストラン、2・3階がホームフロア。

1 イートインが充実している
グルメフロア➡ P.89 **2** ホー
ムフロアでは人気インテリア
ブランド「ポマックス」が室内
装飾のアイテムを展開 **3** お
みやげに欠かせないチョコレ
ート売り場は地下1階にある

あらゆるものが揃う大規模デパート

ギャラリー・ラファイエット・パリ・オスマン
Galeries Lafayette Paris Haussmann

19世紀創業の3500以上のブランドが
集まるヨーロッパ最大規模のデパー
ト。本館、メンズ館、グルメ館で構成。
圧倒的な品揃えを誇る店内は、常に多
くの観光客でにぎわっている。

©Thibaut Voisin

MAP 付録P.5 A-1　　　　　　　オペラ周辺

🏠 40 Bd. Haussmann, 9e Ⓜ 7・9号線Chaussée d'Antin-La
Fayetteショセ・ダンタン・ラ・ファイエット駅から徒歩1分
☎ 01-42-82-34-56 🕐 10:00～20:30（日曜・祝日11:00～20:00）
🚫 一部祝日　※グルメ館➡ P.89

休憩スポット

©GaleriesLafayette

おいしいコーヒーでほっとひと息

カフェ・クチューム
Café Coutume

本館3階にある自家焙
煎コーヒーを提供する
パリで人気のカフェ。
席からは美しいクーポ
ールを眺められる。

フランスと日本では階数の数え方が違い、日本式の1階がフランス式の0階になります。ここではフランス式で記載しています。

おいしいものを求めて
こだわりがいっぱいの食料品店へ

美食の都パリならではのおいしいものを手に入れるなら
グルメ食材の専門店がおすすめです。
魅力的な品々を探しに出かけましょう。

重厚で温かみのある店内にお茶の芳香が漂う

棚の引き出しを開
けてサンプルの香
りを試せる

オリジナルブレンドのお茶に夢中

コンセルヴァトワール・デ・ゼミスフェール
Conservatoire des Hémisphères

2020年創業。オーナーのアリスがセレ
クトした最高品質のお茶に、花やフル
ーツを調合した独自のフレーバーが人
気。美しいパッケージも贈り物に最適。

MAP 付録P.19 A-2 サンジェルマン・デ・プレ

🏠96 Rue du Bac, 7ᵉ Ⓜ12号線Rue du Bac
リュ・デュ・バック駅から徒歩3分 ☎01-42-22-28-
65 ⏰11:00～19:30（日曜12:30～19:00）休 無休

1手書きの名入れサービスもあり
2好きなリボンの色でラッピング
3メロンと桃の香りのハーブティ
「イル・ボロメ」（紙箱）€18.50
4ベリーやメレンゲが入った人気の
紅茶「アンナ・パヴロヴァ」€21.50

本店のほか16区パ
ッシー通りにも2号
店がある

高架下にある工房併
設の店舗ではワーク
ショップも開催

商品が美しく並ぶ店内。ジャムは試食して選べる

おしゃれでおいしいジャム専門店

コンフィチュール・パリジェンヌ
Confiture Parisienne

2015年創業、メイド・イン・
パリのジャムブランド。旬
の果物を贅沢に使い、伝統
的な製法でつくられる無添
加ジャムは、かわいいパッ
ケージも人気。

MAP 付録P.23 B-4 バスティーユ

🏠17 Av. Daumesnil, 12ᵉ
Ⓜ8号線Ledru-Rollinルドリュ・ロラン駅
から徒歩5分 ☎01-44-68-28-81 ⏰11:30
～19:00（水・木曜11:00～18:30、土曜11:00
～19:00）休 日・月曜、8月に2週間

ミニサイズ2つのボッ
クスセット€11.50～

定番サイズは250gで
€12.90～

デパートの食品売り場も充実
ギャラリー・ラファイエット・パリ・オスマン ▶P.61や
ル・ボン・マルシェ ▶P.104のグルメ館でも人気メゾン
の商品が揃うので、時間がないときはおすすめです。

コーヒー

フィルター用コーヒー
一豆250g€15

フレンチの巨匠が手がける
焙煎所＆カフェ

ル・カフェ・アラン・デュカス
Le Café Alain Ducasse-Manufacture à Paris

@pierremonetta

アラン・デュカスのコーヒー店。
収穫から焙煎までこだわりぬい
た究極の味を体験しよう。

MAP 付録P.23 B-1　バスティーユ

📍12 Rue St Sabin, 11ᵉ 🚇Ⓜ5号線
Bréguet-Sabinブレゲ・サバン駅から
徒歩3分 📞01-81-69-53-97 🕐10:00
～19:00(月・火曜11:00～、土曜～19:30)
🈺日曜

滝れたてを味わえる
カフェでくつろげる

チーズ

きめ細やかに熟成された
上質なチーズが揃う

ローラン・デュボワ
Laurent Dubois

イチジク入りシェーヴル
(ヤギ乳のチーズ)€10

MOF（国家最優秀職人章）のチー
ズ熟成士、デュボワ氏のお店。
パリに4店舗ある。

MAP 付録P.11 B-2 エッフェル塔周辺

📍2 Rue de Lourmel, 15ᵉ 🚇Ⓜ6号
線Dupleixデュプレクス駅から徒歩1
分 📞01-45-78-70-58 🕐9:00～
20:00(土曜8:30～、日曜～13:00)
🈺月曜

食べごろの熟成具合
のみが店頭に並ぶ

はちみつ

コクのある栗の
木のはちみつ
250g€10.70

多彩な風味を試せる
老舗はちみつ専門店

ラ・メゾン・デュ・ミエル
La Maison du Miel

1898年創業のはちみつ専門店。
アカシアやラベンダー、栗の木な
ど約50種類のはちみつが並ぶ。

MAP 付録P.16 D-1 マドレーヌ寺院周辺

📍24 Rue Vignon, 9ᵉ 🚇Ⓜ8・12・14
号線Madeleineマドレーヌ駅から徒
歩5分 📞01-47-42-26-70 🕐9:30～
19:00 🈺日曜

試食してから購入できる

ワイン

膨大なワインから
お気に入りを探そう

ラヴィニア
Lavinia

厳選された1000以上のワイン
を揃える店舗。幅広いセレクト
で、ワイン通の評価も高い。

MAP 付録P.7 B-2 シャンゼリゼ大通り周辺

📍22 Av. Victor Hugo, 16ᵉ 🚇Ⓜ
1・2・6号線 Charles de Gaulle-Étoile
シャルル・ド・ゴール・エトワール駅か
ら徒歩6分 📞01-42-97-20-20
🕐11:00～20:00 🈺日曜

圧倒的な品揃え。地下には
ヴィンテージワインが並ぶ

テイスティングのイベントな
ども定期的に開催する

ローラン・デュボワでは無料で真空パックもしてくれるので、おみやげにしたいときは頼んでみましょう。

私だけのお気に入りを探しにおでかけ／こだわりの食料品店

安くてかわいいおみやげを探すなら スーパーがおすすめです

友だちに喜ばれるかわいくてリーズナブルなおみやげがほしい。
そんなときは地元のスーパーに繰り出せば、
おしゃれなデザインの商品がたくさん見つかりますよ。

オイル&バルサミコ酢

オリーブオイル&バルサ
ミコ酢のヴィネグレットソ
ース20㎖×6本€4.99

ボンヌママンのお菓子

カマルグの塩

プロヴァンス地方カマル
グ産の天然塩は日本で
も人気が高い。€3.59

チョコタルト€3.49、マドレーヌ
€4.89ほかクッキーなど種類豊富

ボンヌママンのジャム

ギンガムチェック
がかわいい。ジャム
小瓶5個セットで
€4.59

ペーパーナプキン

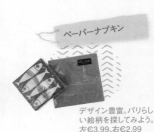

デザイン豊富。パリらし
い絵柄を探してみよう。
左€3.99、右€2.99

エシレバター

人気のエシレバターも手
頃な価格で購入できる。
小サイズ (100g)€2.69

高級シリーズ、モノプリ
・グルメのパレ・ブルトン
は風味が抜群。€2.75

モノプリ・グルメのお菓子

日常使いできるおしゃれなスーパー

モノプリ
Monoprix

フランス全土にあり店舗数・規模ともにトップ。自社ブラ
ンド「モノプリ・グルメ」やモノプリブランドの衣料品、雑
貨も評判。パリ市内に約60店舗あるが規模はさまざま。

MAP 付録P.16 F-4　　　　オペラ周辺
オペラ店 所23 Av. de l'Opéra, 1er
交M7・14号線Pyramidesピラミッド駅か
ら徒歩1分 ☎01-42-61-78-08 ⏰8:00〜
22:00 (日曜9:30〜21:00) 休無休
※雑貨が充実のシャンゼリゼ店もおすすめ
MAP 付録P.7 C-2

ミニプレート

シーズンごとにデザインが変わる
雑貨も要チェック。小皿€5.99

他にもある便利なスーパー

Carrefour(カルフール)は規模によりカルフール・マーケット、カルフール・シティなどに分かれます。Franprix(フランプリ)も多数あります。

私だけのお気に入りを探しにおでかけ／おみやげはスーパーで

アニスキャンディ

16世紀からの伝統あるブルゴーニュ地方フラヴィニーの名産品。各€3.19

アペリティフ用お菓子

プロヴァンス産ローズマリーとコンテチーズのビスケット€3.85

バスキューブ

オレンジブロッサム、ザクロなどの香りの入浴剤、各€0.99

ノート

老舗ノートブランド、オックスフォードのA5メモ帳€2.80

グラノーラ

ハチミツとアーモンドのオーガニックグラノーラ€5.99

紅茶&ハーブティー

赤い果実のフレーバーティー(左)€1.95、タイムのハーブティー€3.99

コスメやビオ専門スーパーはこちら

お手頃コスメが揃う

天然由来のマルチバーム€17.90

モノップ・ビューティ
Monop' Beauty

流行のビオコスメからバス用品、雑貨まで旬の商品が手に入る、モノプリのコスメ専門店。

MAP 付録P.20 D-3　　　　　　　モンマルトル

所28 Rue des Abbesses, 18e 交Ⓜ12号線Abbessesアベス駅から徒歩1分 ☎01-87-89-72-44 営10:00〜20:00(日曜11:00〜19:00) 休無休

多彩なビオ商品が揃う

野菜の粉末スープ各€1.60

ビオコープ・バスティーユ
Biocoop Bastille

フランスで最大規模のチェーン「ビオコープ」系列の総合食品店。幅広い商品を扱う。

MAP 付録P.8 F-1　　　　　　　バスティーユ

所10 Rue Boulle,11e 交Ⓜ5号線Bréguet-Sabinブレゲ・サバン駅から徒歩1分 ☎01-43-57-98-49 営9:00〜20:10(日曜10:00〜13:00) 休8月の日曜

フランスでは2016年よりレジ袋が禁止に。エコバッグを持参するか、おみやげを兼ねて現地スーパーで調達しましょう。

2大蚤の市で
掘り出しものを探しましょう

骨董品から生活雑貨まで揃うパリの蚤の市で
自分だけの宝物を見つけませんか。

1 2 エリアごとに品揃えが異なるので、狙いを絞って散策してみよう

100年以上の歴史を持つ蚤の市

クリニャンクールの蚤の市
Marché aux Puces de Clignancourt

11のエリアからなり2500以上の店舗が軒を連ねる広大な蚤の市。開催は土・日・月曜。雑貨を多く扱うヴェルネゾンエリアから訪れるのがおすすめ。

MAP 付録P.2 D-1　　　市街北部

所 Rue des Rosiers一帯 交 M4号線Porte de Clignancourtポルト・ド・クリニャンクール駅から徒歩6分 営 土・日曜10:00〜18:00、月曜11:00〜17:00 ※店舗により異なる

3 カゴもさまざまある **4** かわいいオブジェ **5** 陶器のジャムポット€12 **6** 量り売りのビーズは1カップ€16

7 手描きのお皿やカップ、アンティークのカトラリーなど食器類もたくさん

1 歩き回ってじっくり品定めして **2** カフェオレボウル€30 **3** イヤリング€5 **4** ポット€65

アートな小物入れなど、雑貨や小物も多く、見て回るだけでも楽しい

ローカルなムードを満喫できる

ヴァンヴの蚤の市
Marché aux Puces de Vanves

歩道に300以上の露店が並ぶローカルな蚤の市。開催は土・日曜。生活雑貨が手頃な価格で手に入ることから地元の人が多く訪れる。

MAP 付録P.3 C-4　　　市街南部

所 Av. Marc Sangnier/Av. Georges Lafenestre, Vanves一帯 交 M13号線Porte de Vanvesポルト・ド・ヴァンヴ駅から徒歩4分 営 土・日曜7:00〜14:00 ※店舗により異なる

おいしくて美しい
パリのごはんとスイーツ

ミシュラン発祥の地でもある美食の国フランス。
星付きレストランはもちろん、人気のビストロや
カフェごはんもしっかりおいしくて大満足です。
ほかにも心とろけるショコラや焼きたてのパンもお忘れなく。
散策や買いものの合間にサロン・ド・テに立ち寄って
おいしいスイーツでひと休みするのもいいですね。

お気に入りの
カフェでおいしい
ひとときを

こだわりのレストランで
至福の時間を過ごしましょう

美食の街パリには星の数ほどレストランがあります。
そのなかでも料理・雰囲気は申し分なく、さらに記憶に残るような
特徴あるレストランはこちらです。

注目ポイント
天井や壁のフレスコ画には南仏の避暑地の様子が描かれています。

優雅な時間をお約束します

『ニキータ』などの映画の舞台になったことも

国鉄駅構内にある階段からアクセスする

豪華絢爛なバロック調の内装が気分を盛り上げる

イチゴとライム、ミントの爽やかなデザート

サーモンの"自家製"半薫製とアスパラガス

仔牛のパテ・アン・クルット（パテのパイ包み）€29

鶏肉をワインと野菜で煮込んだシュプレーム

駅構内の由緒あるレストラン
ル・トラン・ブルー
Le Train Bleu

ベル・エポック時代に国鉄リヨン駅から南仏へ向かう富裕層の社交場として名を馳せた伝説の店。2018年から巨匠ミッシェル・ロスタン氏が監修し、期待以上の美食と評判。

MAP 付録P.2 E-3　📷　　　リヨン駅周辺

🏠 Pl. Louis Armand, hall1, 12ᵉ 🚇 M1・14号線Gare de Lyonガール・ド・リヨン駅から徒歩1分 ☎01-43-43-09-06 🕐11:15〜14:30、19:00〜22:30（ラウンジ7:30〜22:30）🈚無休 🍽昼・夜€55〜

看板料理の鴨肉とフォアグラ
のパテ・アン・クルット€26
にも好みのワインを合わせて

©les110detailleventparis

©les110detailleventparis

料理とワインの
相性を楽しんで

ワインで有名な地方の絵画が飾られている

110(サンディス)種類のグラスワインが揃う

レ・サンディス・ド・タイユヴァン
Les 110 de Taillevent

2つ星レストラン「タイユヴァン」のセカンド店。
1つの料理に対し価格の異なる4種類のグラスワ
インを提案。1皿ごとに違うワインが楽しめる。

MAP 付録P.7 C-1 📷　　　シャンゼリゼ大通り周辺
所 195 Rue du Faubourg Saint-Honoré, 8ᵉ 交 M2号線
Ternesテルヌ駅から徒歩7分 ☎01-40-74-20-20
営 12:00〜14:30、19:00〜22:30 休 土・日曜、8月に3週間
料 昼€49〜、夜€60〜

メニューは中央が料
理、左右がワインリ
ストになっている

注目ポイント
グラスワインは7clで
€6〜60と価格帯が
幅広く、予算にあわ
せて選べます。

1つの料理にRévélation
(新星)・Sérénité(定番)・
Audace(驚き)・Plénitude
(成熟)の4つのカテゴリー
のワインが用意されている

彩り豊かなオリジナル料理が魅力

ナロ Narro

シェフの竹田和真氏の食材へのこだ
わりが評価され、2020年オープン
後、瞬く間に人気店に。多彩な野菜や
スパイス、ハーブを駆使した料理は
味覚と共に視覚も満たしてくれる。

MAP 付録P.8 D-3 📷　　カルチェ・ラタン
所 72 Rue du Cardinal Lemoine, 5ᵉ
交 M10号線Cardinal Lemoineカルディナ
ル・ルモワヌ駅から徒歩4分 ☎09-73-24-
07-95 営 12:00〜15:00、19:00〜23:30(日
曜12:00〜16:00) 休 月曜
料 昼€29〜、夜€50〜

1階と地下に席があり、春夏はテ
ラス席も設ける

ラテン語で
「語る」という
意味の店名

注目ポイント
美しく仕上げられ
た一皿一皿は味わ
うごとに新鮮な驚
きが。

1

2

■トマトのキャラメリゼ、タルトタタン風はランチ
コース€29〜の前菜 ■季節野菜の菜園風
€26など、アートのような料理の数々

レストラン=高級で非日常、ビストロ=庶民派で日常的というイメージがありますが、明確に決まっているわけではありません。

地元の人たちが足しげく通う
気軽でおいしい人気のビストロへ

新しいビストロが次々とオープンするパリ。
どこのお店に行こうか迷ったら、地元の人や常連客に愛され続ける
安定した人気を誇るビストロがおすすめです。

おすすめMenu
・イチジクと野菜のサラダ
・仔羊のロースト
※ランチメニューより

1 隣との距離が近いパリらしいビスト
ロ　**2** ある日のランチメニュー。前菜
のカツオのクルミ風味はパクチーがア
クセント　**3** デザートのライスプディン
グ、リンゴとピーナッツのシャーベット

1 ある日のランチメニュー。前菜のイ
チジクと野菜のサラダ、メインの仔
羊のロースト　**2** ゆとりある空間
3 デザートのアイス、生クリームのせ

おすすめMenu
・カツオのクルミ風味
・ライスプディング
※ランチメニューより

味・見た目・コスパ
文句なしの人気店

レボショワール
L'Ébauchoir

野菜をふんだんに使った料理は彩りも美しく、香辛料の使
い方も絶妙で素材の味を引き立てる。そのうえランチが3皿
で€21と高コスパも人気の理由。常に客足が絶えない。

MAP 付録P.22 E-4 ☎　　　　　　　　　　　　　バスティーユ

所 43-45 Rue de Citeaux, 12ᵉ 交 Ⓜ8号線Faidherbe-Chaligny フェデ
ルブ・シャリニー駅から徒歩3分 ☎ 01-43-42-49-31 営 12:00～14:30、
19:30～22:30 (金・土曜～23:00) 休 日・月曜の昼、8月中旬から3週間
料 昼€17 (メイン＋前菜orデザート)～、夜€35～

サプライズな
創作フレンチが好評

ル・パントルシュ
Le Pantruche

定番フレンチをアレンジした目にもおいしい料理が良心
的な値段で食べられることから、開店と同時に満席になる
予約必須の人気店。現地グルメガイドでも評判。

MAP 付録P.21 B-1 ☎　　　　　　　　　　　　　モンマルトル

所 3 Rue Victor Massé, 9ᵉ 交 Ⓜ2・12号線Pigalleピガール駅から徒
歩5分 ☎ 01-48-78-55-60 営 12:30～14:00、19:30～22:00 休 土・日
曜、8月の2週間 料 昼€23 (メイン＋前菜orデザート)～、夜€43～

ワインを頼んだら試飲しましょう

ワインをボトルで注文すると、テーブルで栓を抜きデギュスタシオン（試飲）をすすめられます。味を確認してみましょう。

■魚のマリネにフランボワーズで酸味付けたセビーチェ€14 ■窓の外に中庭が広がるゆとりある空間 ■伝統的な魚料理のメルラン・コルベール

Photos：© B. Schmuck

おすすめMenu
・牛ステーキの赤ワインソース
・マテ貝の鉄板焼き

©Rémy D'Arcangelo

おすすめMenu
・セヴィーチェ
・メルラン・コルベール

■人気の牛ステーキ€25はボリュームたっぷり ■フランスで人気のマテ貝の鉄板焼き€13 ■食堂らしい気さくなお店。ランチ・ディナータイム以外の食事は不可でカフェ利用は可能

③：外観：© Philippe Schaff

1つ星店のシェフが提案する魚介ビストロ
クラマト
Clamato

3つ星店で活躍したシェフのベルトラン・グレボー氏が、1つ星店「セプティム」に続きオープンした海鮮料理専門のビストロ。数皿頼んでシェアするタパススタイルが魅力。

MAP 付録P.22 E-2　　　　　　バスティーユ

所 80 Rue de Charonne, 11e 交 Ⓜ9号線Charonneシャロンヌ駅から徒歩5分 ☎ 01-43-72-74-53 営 12:00～14:30、19:00～22:30 休 8月上旬から2週間程 料 昼・夜€20～

バスク地方出身のシェフの店
ラ・カンティーヌ・デュ・トロケ・デュプレクス
La Cantine du Troquet Dupleix

パリ市内に3軒ある、人気シェフ、クリスチャン・エシュベスト氏のカンティーヌ（食堂）。バスク地方特産の豚肉だけでなく、大西洋に近い土地柄もあり魚介メニューも豊富。

MAP 付録P.11 B-2　　　　　　エッフェル塔周辺

所 53 Bd. de Grenelle, 15e 交 Ⓜ6号線Dupleixデュプレクス駅から徒歩3分 ☎ 01-45-75-98-00 営 8:00～22:45（日曜9:00～、ランチ12:00～15:00、ディナー 19:00～22:45） 休 無休 料 昼・夜€25～

クラマトとラ・カンティーヌ・デュ・トロケ・デュプレクスは予約ができません。開店直後なら比較的入りやすいですよ。

フランスの定番料理を食べるなら
昔ながらのビストロがおすすめです

いまどきのビストロはアレンジを加えた創作料理が多く
フランスの定番料理に出会うのは意外に難しいもの。
そこで定番料理が食べられる、昔ながらのビストロをご紹介します。

ルネサンスを果たした老舗ビストロ

ラ・プール・オ・ポ
La Poule au Pot

1935年創業の歴史あるビストロが、2019年より星付きシェフ、ジャン＝フランソワ・ピエージュ氏の傘下となった。名シェフによる伝統的なフランス料理が味わえる。

MAP 付録P.5 C-4 🕐　　　　　　レ・アル

所 9 Rue Vauvilliers, 1er
交 Ⓜ4号線Les Hallesレ・アル駅から徒歩5分
☎ 01-42-36-32-96
営 12:00～14:30、19:00～23:00 休 日・月曜、8月
料 昼€60～、夜€70～

©Hervé Goluza

イル・フロッタント
Île flottante aux pralines roses

ピンクのプラリネが美しいデザート€14（1人）※注文は2人前より

©Nicolas Lobbestael

シェフの修業時代の思い出のスープ。€20

©Nicolas Lobbestael

オニオン・グラタンスープ
Gratinée à l'oignon

©Benedetta Chiala

プール・オ・ポ
La véritable Poule au Pot

店名にもなっている鶏のポトフ€48（1人）※注文は2人前より

ポトフ
Pot-au-feu

©F

冬季限定、牛の腕肉を使った煮込み料理€27

チーズプレートは1人€16。いろいろ試してみて

チーズプレート
Plateau de fromages

Photos: ©Roberta Valerio

居心地のよい店内。常に満席なので予約は必須

きちんとおいしい料理が食べられる

アスティエ
Astier

1956年創業の下町に根付く老舗ビストロ。約15種類のチーズプレートは食べ放題なのがうれしい。質の高い伝統料理を揃える希少価値の高い名店。

MAP 付録P.4 F-3 🕐　　　　　市街東部

所 44 Rue Jean-Pierre Timbaud, 11e
交 Ⓜ3号線Parmentierパルマンティエ駅から徒歩4分 ☎ 01-43-57-16-35 営 12:30～14:15、19:00～21:30（金・土曜～22:30）休 無休
料 昼€25～、夜€45～

ほかにもあります定番料理

牛肉のタルタル、ブッフ・ブルギニョン（牛肉の赤ワイン煮）、ムール貝の白ワイン蒸し、フリュイ・ド・メール（海の幸の盛り合わせ）などがあります。

パリ・ブレスト
Paris Brest

リング状のシュー生地にクリームがたっぷりのスイーツ

パイ包み
Feuilleté

さまざまな食材でアレンジされるパイ包み。こちらは鶏のフォワとマッシュルーム

山うずらのロースト
Perdreau rouge rôti

うずらはフランスの定番食材。キクイモを添えて

パリのビストロの王道店

ビストロ・ポール・ベール
Bistrot Paul Bert

1998年にオープンして以来、広い店内が連日満席になる人気店。旬の食材を使った日替わりのビストロ料理が自慢。ランチが3皿€26とコスパも高い（写真はランチコース例）。

MAP 付録P.22 F-2　　　　　　　バスティーユ

所 18 Rue Paul Bert, 11e
交 M9号線Charonneシャロンヌ駅から徒歩5分
☎ 01-43-72-24-01
営 12:00〜14:00、19:30〜22:30 休 日・月曜、8月に3週間
料 昼€22〜、夜€35〜

行列ができるパリの大衆食堂

ブイヨン・シャルティエ
Bouillon Chartier

1896年創業のパリで最も古いブラッスリーのひとつ。年中無休でノンストップ営業がうれしい。料理が驚くほど安く、食事どきには長蛇の列ができる。

MAP 付録P.5 C-2　　　　　　　オペラ周辺

所 7 Rue du Faubourg Montmartre, 9e
交 M8・9号線Grands Boulevardsグラン・ブルヴァール駅から徒歩1分
☎ 01-47-70-86-29 営 11:30〜翌0:00
休 無休 料 昼・夜€10〜

プロフィットロール
Profiterole

シュー生地の中にアイス、仕上げに温かいチョコをかけて。€4.80

エスカルゴ
6 Escargots

フランスで一度は食べてみたいエスカルゴ€7.50

鴨もも肉のコンフィ
Confit de canard

カフェやビストロでよく提供される肉料理。€13

ノスタルジックな雰囲気

おいしくて美しいパリのごはんとスイーツ／定番料理は昔ながらのビストロで

ブイヨン・シャルティエは席数が多く回転も速いので、行列ができていてもあまり待たずに入れます。人数が少ないと相席になることも。

とびきりのスイーツに出会いに
実力派パティスリーへ行きましょう

多くのパティスリーが軒を連ねるパリには
味にうるさいパリジェンヌも納得の美味なるスイーツがたくさん。
種類豊富なケーキに魅せられて、思わず顔がほころびます。

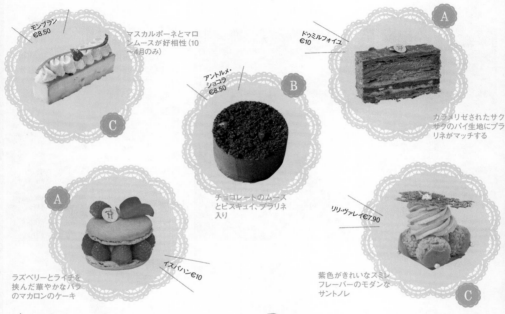

モンブラン
€8.50

マスカルポーネとマロ
ンムースが好相性（10
〜4月のみ）

ドゥミルフォイユ
€10

カラメリゼされたサク
サクのパイ生地にプラ
リネがマッチする

アントルメ・
ショコラ
€8.50

チョコレートのムース
とビスキュイ、プラリネ
入り

リリ・ヴァレ€7.90

紫色がきれいなスミレ
フレーバーのモダンな
サントノレ

ラズベリーとライチを
挟んだ華やかなバラ
のマカロンのケーキ

イスパハン€10

A ピエール・エルメ　Pierre Hermé

日本でも著名なパティシエ、
エルメ氏の店。タイミングに
よっては日本にないスイー
ツに出会えることも。

MAP 付録P.18 F-3
サン・ジェルマン・デ・プレ

所 126 Bd. Saint-Germain, 6e
交 M4・10号線Odéonオデオン
駅から徒歩1分
☎ 01-45-12-24-02 営 8:30〜
20:00（日曜〜19:00） 休 無休

個性的な新作を生み出す
天才パティシエの店

B メゾン・フィリップ・コンティチーニ　Maison Philippe Conticini

フランスパティスリー界の
巨匠がパリに4店舗展開。独
創性と懐かしさが同居する
スイーツを体験したい。

MAP 付録P.19 A-2
サン・ジェルマン・デ・プレ

所 37 Rue de Varenne, 7e
交 M12号線Rue du Bacリュ・デ
ュ・バック駅から徒歩5分
☎ 01-43-20-04-99 営 10:00〜
19:00（日曜〜 14:00） 休 無休
※Photos（スイーツ）©Kevin Rauzy

定番ながら創造性豊かな
スイーツが味わえる

〈マカロンフレーバー頻出単語〉

- Vanille……ヴァニーユ(バニラ)
- Pistache……ピスターシュ(ピスタチオ)
- Fraise……フレーズ(イチゴ)
- Réglisse……レグリス(甘草)
- Caramel au beurre Salé……カラメル・オ・ブール・サレ(塩バターキャラメル)
- Citron……シトロン(レモン)
- Menthe……マント(ミント)
- Casis……カシス(クロスグリ)
- Noix de Coco……ノワ・ド・ココ(ココナッツ)
- Rose……ローズ(バラ)
- Framboise……フランボワーズ(ラズベリー)
- Gianduja……ジャンドゥーヤ(チョコ&ナッツ)
- Cerise……スリーズ(サクランボ)
- Bergamote……ベルガモット

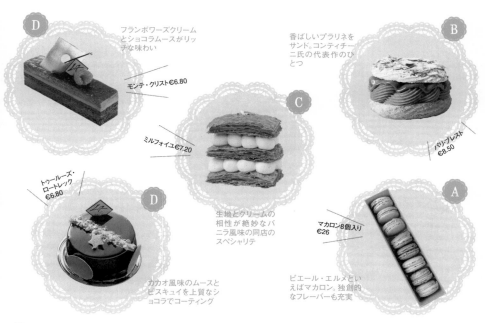

D フランボワーズクリームとショコラムースがリッチな味わい

モンテ・クリスト€6.80

B 香ばしいプラリネをサンド。コンティチーニ氏の代表作のひとつ

パリ・ブレスト €8.50

C ミルフイユ€7.20

生地とクリームの相性が絶妙なバニラ風味の同店のスペシャリテ

D トゥールーズ・ロートレック €6.80

カカオ風味のムースとビスキュイを上質なショコラでコーティング

A マカロン8個入り €26

ピエール・エルメといえばマカロン。独創的なフレーバーも充実

C カール・マルレッティ Carl Marletti

ミルフォイユやレモンタルトが人気の有名店。店頭には、宝石のようなケーキが30種ほど並ぶ。質の高さに感動。

MAP 付録P.8 D-4
カルチェ・ラタン

所51 Rue Censier, 5ᵉ 交Ⓜ7号線Censier Daubentonサンシエ・ドーバントン駅から徒歩2分 ☎01-43-31-68-12 営10:00〜19:00(日曜〜13:30) 休月曜、8月に2〜3週間

独創的でシックな絶品ケーキがいっぱい

D アルノー・ラエール Arnaud Larher

MOF(国家最優秀職人章)の称号を持つラエール氏のパティスリー。独自の世界観を表現した珠玉のケーキが並ぶ。

MAP 付録P.21 C-1
モンマルトル

所53 Rue Caulaincourt, 18ᵉ 交Ⓜ12号線Lamarck Caulaincourtラマルク・コランクール駅から徒歩5分 ☎01-42-57-68-08 営10:00〜19:00 休日・月曜

オリジナリティが光る芸術的なケーキが魅力

パン屋さんにもケーキが売られていることが多いので、宿泊しているホテル近くのパン屋さんもチェックしてみましょう。

心とろける甘い誘惑
パリの宝石ショコラを求めて

宝石のように美しいショコラに出会えるのもパリならでは。
有名シェフのショコラトリーから老舗メゾンまで、
じっくりと味わって、至福のひとときを過ごしましょう。

ペタル・ド・ショコラ
Pétales de Chocolat

これも
おすすめ

花びらのショコラは
68g入り€22、195g入
り€50などサイズ豊富

中からジュワっ
とシロップがし
み出すボンボン
(キャンディ)€24

1827年創業の老舗コンフィズリー
ボワシエ
Boissier

アンティーク調の内装がおしゃれな老舗のお菓
子屋さん。花びらのようなショコラが人気。

MAP 付録P.19 A-1　　　　サン・ジェルマン・デ・プレ

所 77 Rue du Bac, 7e 交 M12号線Rue du Bacリ
ュ・デュ・バック駅から徒歩3分
☎ 01-43-20-41-89
営 11:00〜13:30、14:00〜18:30 休 日・月曜

スターシェフによる話題のショコラ
ショコラトリー・シリル・リニャック
Chocolaterie Cyril Lignac

星付きレストラン、パティスリーに続きオープ
ンしたシリル・リニャック氏のショコラトリー。

MAP 付録P.22 F-2　　　　　　バスティーユ

所 25 Rue Chanzy, 11e
交 M9号線Charonneシャロンヌ駅から徒歩4分
☎ なし
営 9:00〜19:00 休 月曜

ショコラバー
Barre Chocolatée

©Yann Deret

ゴマ＆緑茶€
8.50(左)、キャ
ラメル＆ギモー
ヴ€10

これも
おすすめ

キャラメル＆ヌガー
(上)、ミルクキャラメル
各€4。食べ応え十分

これも
おすすめ

ドゥミ・スフェール
Demi-Sphères

フイユテ・プラリネなどお
すすめ4種類入り€10

美しく輝くボンボン・
ショコラ9個€27

独創的なショコラアーティストの店
パトリック・ロジェ
Patrick Roger

MOF(国家最優秀職人章)のロジェ氏の芸術的ショ
コラ。ボンボン・ショコラは25の工程を踏む傑作。

MAP 付録P.17 C-2　　　　　マドレーヌ寺院周辺

所 3 Pl. de la Madeleine, 8e
交 M8・12・14号線Madeleineマ
ドレーヌ駅から徒歩2分
☎ 09-67-08-24-47
営 11:00〜19:00 休 無休

日本未上陸のショコラトリーが狙い目

日本にまだ店舗がないのはシリル・リニャックとパトリック・ロ
ジェ（ポワシェも現在はなし）。ジャック・ジュナン（Jacques
Genin）**MAP** 付録P.12 C-5、P.19 A-2も人気です。

コフレ・メゾン
€35（24個）は
ガナッシュとプ
ラリネショコラ
の詰め合わせ

これも
おすすめ

コフレ・メゾン
Le coffret maison

ザクザクとした触感が
美味なトリュフ・ナチ
ュール€18（90g）

パリジャンに人気の伝統的なショコラ

ラ・メゾン・デュ・ショコラ
La Maison du Chocolat

バイヨンヌ出身のランクス氏が1977年にパリ1号店をオープン
した後、パリ発のショコラトリーとしていち早く日本に上陸。

MAP 付録P.16 D-2　　　　　　オペラ周辺

所 8 Bd. de la Madeleine, 9e 交 Ⓜ8・12・14号
線Madeleineマドレーヌ駅から徒歩3分
☎ 01-47-42-86-52 営 10:00～19:00 休 日曜

アラン・デュカスのチョコレート工場

ル・ショコラ・アラン・デュカス・
マニュファクチュール・ア・パリ
Le Chocolat Alain Ducasse Manufacture à Paris

料理界の巨匠によるビーントゥバーの工房兼ブ
ティック。厳選されたカカオを味わいたい。

MAP 付録P.23 B-1　　　　　　バスティーユ

所 40 Rue de la Roquette, 11e
交 Ⓜ1・5・8号線Bastilleバスティー
ユ駅から徒歩3分 ☎ 01-48-05-82-
86 営 10:00～20:00 休 無休

キャレ・デギュスタシオン
Coffret carrés dégustation

これも
おすすめ

板チョコも種類
豊富。ピスタチ
オのサブレの
ショコラ€13

味比べができる
小サイズの板チ
ョコのセット。€
20（30枚）

これも
おすすめ

約38種類のボンボ
ン・ショコラ、箱入り
€15.60（9個）など

刺繍のハート
Cœur dentelle

ギフトに人気。ボンボ
ン・ショコラ入りハート
形チョコ€36（110g）

フランスを代表するショコラトリー

ジャン・ポール・エヴァン
Jean-Paul Hévin

MOFの同氏による、最高級カカオの旨味を生か
した繊細で創造性の高いショコラの数々が揃う。

MAP 付録P.16 D-4　　　　　ルーヴル美術館周辺

所 231 Rue Saint-Honoré - côté cour, 1er
交 Ⓜ1号線Tuileriesチュイルリー駅から徒歩5分
☎ 01-55-35-35-96 営 10:00～19:30 休 日曜、8月

世界各国で行われるようになったショコラの祭典「サロン・デュ・ショコラ」。本家パリでは毎年秋に開催されます。

おいしくて美しいパリのごはんとスイーツ／心とろける宝石ショコラ

とびきりおいしいパンを買いに
パリで人気のブーランジェリーへ

街を歩けばいたるところにあるブーランジェリー（パン屋さん）。
それぞれが素材や作り方にこだわり、おいしさを競い合っています。
いろいろなお店のパンを食べ比べてみてはいかがですか?

イートインスペースでヴィエノワズリー（菓子パン）をどうぞ

パティスリーも大人気。地元に限らず海外からの客で行列ができる

おすすめは中央の、生クリームがのった「Zéphyr（ゼフィール）」€5.95

写真映えするスタイリッシュな内装

イートインあり

■優勝バゲット「パン・パン」€1.30 ■人気のシューケットは1個30サンチーム

焼きたてを召し上がれ

PAIN PAIN

1

2

フレンドリーなスタッフたち

╱ パン屋激戦エリアの人気店 ╲

パン・パン
Pain Pain

おいしいパン屋さんが集まるモンマルトルでも客足が絶えない、コンクール優勝経験もあるバゲットの名店。パティシエとしても実力のあるシェフのパティスリーも人気。

MAP 付録P.20 E-4　　　　モンマルトル

所 88 Rue des Martyrs, 18ᵉ 交 Ⓜ12号線 Abbessesアベス駅から徒歩2分
☎ 01-42-23-62-81 営 7:30〜19:30 休 月曜

一度は現地で食べてみたい

フランスの定番パン

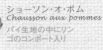

バゲット
Baguette
フランスでパンといえばバゲットのこと

クロワッサン
Croissant
本場はバターがたっぷり

パン・オ・ショコラ
Pain au chocolat
クロワッサン生地のなかにチョコレート

ショーソン・オ・ポム
Chausson aux pommes
パイ生地の中にリンゴのコンポート入り

ブリオッシュ
Brioche
バターが香る少し甘みのあるパン

バゲットコンクールとは？
毎年行われるパリで最もおいしいバゲットを
決めるコンテスト。優勝者は1年間、大統領官
邸にバゲットを納める名誉を得ます。

Pの文字が刻印され
た名作・田舎風パン

リンゴが
ジューシー

リンゴタルト€
3.15も試したい

プチット・ブリオッ
シュ€5.40(200g)

素朴な味わいが
人気の定番サブ
レ€14.80 (210g)

小さな店内には
いつも多く
のお客さんが

1932年創業のパリを代表する老舗

ポワラーヌ
Poilâne

昔ながらの味を守る名店。重量感ある田舎風
パンが有名で、日本をはじめ世界中に輸出す
るほど。焼き菓子やオリジナル雑貨も人気。

MAP 付録P.19 C-3 　　　サン・ジェルマン・デ・プレ

所 8 Rue du Cherche Midi, 6ᵉ
交 M4号線Saint-Sulpiceサン・シュルピス駅から徒歩4
分 ☎ 01-45-48-42-59
営 7:15〜20:00 休 日曜

有名シェフやパン好きに評判

デュ・パン・エ・デ・ジデ
Du Pain et des Idées

人気の
パン

サン・マルタン運河にあるおしゃれな外観の
パン店。最優秀ブーランジェリーに輝いたこ
ともあり、いつも絶え間なく人が訪れている。

MAP 付録P.13 C-2 　　　サン・マルタン運河周辺

所 34 Rue Yves Toudic, 10ᵉ 交 M5号線Jacques
Bonsergentジャック・ボンセルジャン駅から徒歩3分
☎ 01-42-40-44-52 営 7:00〜19:30 休 土・日曜、8月

「エスカルゴ」は
数種類あり。ピス
タチオ€5.50

人気の「パン・デ
・ザミ」€3〜4
(1/4サイズ)

土・日曜は休み
なので要注意

甘い香りが漂う店内。ク
ラシカルな内装も魅力

6種類のシリアルが
入ったパン€3.20

評判のパン・オ・シ
ョコラ€1.50

クラシックなライ
ンナップのパン。
どれも丁寧に焼き
上げられる

こちらが
オススメ

マドレーヌは4
個セットで€5

テラス席のイートインで
朝食やカフェ利用も可

隠れた名ブーランジェリー

ブレ・シュクレ
Blé Sucré

プラザ・アテネなどを経て独立したシェフの
店。グルメ批評の『フィガロ』誌でマドレーヌ1
位、パン・オ・ショコラ2位の高評価を得ている。

MAP 付録P.23 C-3 　　　バスティーユ

所 7 Rue Antoine Vollon, 12ᵉ 交 M8号線Ledru-Rollin
ルドリュ・ロラン駅から徒歩2分 ☎ 01-43-40-77-73
営 7:00〜20:00 (日曜〜19:00※冬季〜17:00)
休 月曜、7月末〜8月末

昔も今も多くの人に愛される
パリの歴史を伝える2大老舗カフェ

パリに来たら一度は訪れてみたい
文豪や哲学者、芸術家たちに愛された老舗カフェ。
とくに有名な2つのカフェでその魅力を感じてみましょう。

大通りや教会を見渡せる入口付近のテラス席が人気です

ドゥ・マゴです

店名の由来は店内の2体の人形

戦前は主にシュルレアリストたちの、戦後はサルトルやボーヴォワールといった実存主義者たちの議論の場に。ヘミングウェイゆかりの席も残されている。常連は、ピカソ、ヴェルレーヌなど。

テラス席が人気。ゆっくり過ごすなら店内へ

フランスの定番朝食

朝はクロワッサン€4.50とコーヒー€5でスタート

文化人が足しげく通った伝説的なカフェ

レ・ドゥ・マゴ
Les Deux Magots

1884年の創業以来、パリの文化・芸術の中心的役割を担う。1933年からは権威ある文学賞を主催し、今も新しい文化発信の場となっている。

MAP 付録P.18 D-2　　　サン・ジェルマン・デ・プレ

所 6 Pl. Saint-Germain-des-Prés, 6e 交 M4号線
Saint-Germain-des-Présサン・ジェルマン・デ・プレ駅から徒歩1分 ☎01-45-48-55-25 営7:30〜翌1:00
休無休 料ドリンク€5〜、食事€17〜

サン・ジェルマン大通りに面したテラス席はいつもにぎわっている

おすすめランチ

チキンとパストラミのクラブサンドイッチ
Club sandwich au suprême de volaille et pastrami €26

パン・ド・ミ（食パン）のサンドイッチはボリュームたっぷり

知っておきたいカフェでの支払い

支払いはテーブル会計。テーブル担当者が交代する際に先に会計をお願いされることがありますが、会計後もゆっくりして大丈夫です。

食器類もおしゃれ

1

1 カフェ・クレーム €6.40はポットで提供
2 プロフィットロール €16.50

2

Bonjour !

静かに過ごしたいなら1階席がおすすめです

CAFE DE FLORE

過去にはダダイストが熱い議論を繰り広げ、サルトルとボーヴォワールがいつも2階席で執筆するなど、インテリのたまり場となっていた。常連は、カミュ、ピカソ、カトリーヌ・ドヌーヴなど。

人気のテラス席に座れば華やかな雰囲気を感じられる

おすすめランチ

ル・ジョッキー
（クロック・マダム）
Le Jockey €14.50

「騎手」という愛称の人気の軽食。卵なしのクロック・ムッシュ「ル・フロール」は €13

アール・デコ調の内装が、落ち着いた雰囲気の店内

女優や作家など著名人が集う名物カフェ

カフェ・ド・フロール
Café de Flore

1887年創業。著名な作家が事務所代わりにするなど文化人が出入りする有名カフェだった。現在も文学者や芸術関係者たちでにぎわう。

MAP 付録P.18 D-2　　　サン・ジェルマン・デ・プレ

所 172 Bd. Saint-Germain, 6ᵉ 交 M 4号線Saint-Germain-des-Présサン・ジェルマン・デ・プレ駅から徒歩1分 ☎ 01-45-48-55-26 営 7:30〜翌1:30 休 無休 料 ドリンク€4.90〜、食事€10〜

優雅な気分が味わえます
パリで行きたいサロン・ド・テ

おいしいスイーツや紅茶をゆっくり楽しみたいときは
パリならではの高級感あるサロン・ド・テ（ティールーム）へ行きましょう。
エレガントな雰囲気のなか、至福のときを過ごせます。

モンブラン€9.80、自家製ティー€9.50

回廊にある店舗。パリには他に2店ある

気品ある空間で贅沢な時間を

1927年創業、マダム御用達の老舗

カレット
Carette

ヴォージュ広場に面した、パリらしいクラシカルな雰囲気のなかでいただくパティスリーは格別。マカロン、エクレアもパリでトップレベル。

MAP 付録P.14 E-3　　　　　マレ

🏠 25 Pl. des Vosges, 3ᵉ
🚇 Ⓜ8号線Chemin Vertシュマン・ヴェール駅から徒歩5分　📞 01-48-87-94-07
🕐 7:30〜23:00　🈡 無休
💴 紅茶€8.70〜、ケーキ€8.50〜

甘さ控えめな大人味のマカロンも人気

プレス関係者も通うサロン

レ・ドゥ・ザベイユ
Les Deux Abeilles

英国風の上品なサロン・ド・テは、一般客のほかヴォーグやルイ・ヴィトンなどのプレス関係者にも人気。とくに手作りのタルトやケーキが好評。

MAP 付録P.7 C-4　　　エッフェル塔周辺

🏠 189 Rue de l'Université, 7ᵉ
🚇 Ⓜ9号線Alma Marceauアルマ・マルソー駅から徒歩7分
📞 01-45-55-64-04　🕐 9:00〜19:00
🈡 日・月曜、8月、3月に1週間
💴 紅茶€7〜、ケーキ€11〜

大きめサイズです

メレンゲたっぷりのレモンタルト€12

ショーウインドーに手作りのケーキが並ぶ。タルト・タタンやクラフティなどが人気

花柄の壁紙がロマンチックな店内

見た目は小さいお店だが店内は奥行きがある

乙女心がときめくニナスのサロン

マリー・アントワネットの紅茶で人気のニナス（Nina's）本店2階にも素敵なサロン・ド・テがあります。**MAP** 付録P.16 E-3

紅茶をじっくり楽しむなら
マリアージュ・フレール
Mariage Frères

1854年に誕生した老舗の紅茶専門店。併設するサロン・ド・テでは、おいしい紅茶はもちろんのこと、自家製スイーツもいただける。

MAP 付録P.15 C-2 📷　　　マレ

🏠 30 Rue du Bourg Tibourg, 4ᵉ
🚇 Ⓜ1・11号線Hôtel de Villeオテル・ド・ヴィル駅から徒歩5分
🕐 01-42-72-28-11 🕐 12:00～19:00（ショップ10:30～19:30）㊡無休
💴 紅茶€10～、ケーキ€15～
※週末は要予約

缶入り紅茶はギフトに

紅茶を購入したらサロンでひと休み

1 約1000種の世界の紅茶を量り売りで購入できる **2** 美しいケーキとともに自慢の紅茶を召し上がれ

モンブランで有名なサロン
アンジェリーナ
Angelina

ロココ調の装飾が施されたエレガントな店内で優雅な時間を過ごせる。名物のモンブランはぜひ味わいたい。

MAP 付録P.16 D-4
ルーヴル美術館周辺

🏠 226 Rue de Rivoli, 1ᵉʳ
🚇 Ⓜ1号線Tuileriesチュイルリー駅から徒歩2分 🕐 01-42-60-82-00
🕐 7:30～19:00（金曜～19:30、土・日曜8:00～19:30）㊡無休
💴 紅茶€8～、ケーキ€8.60～

モンブラン€10と特製ホットチョコレート€8.90

美しい店内の装飾にうっとり

老舗店のモダンな新店舗
ダロワイヨ
Dalloyau

1802年パリ創業の老舗が駅構内にレストラン＆サロン・ド・テをオープン。便利な立地で絶品ケーキと紅茶を楽しめる。

MAP 付録P.6 F-1
サン・ラザール駅

🏠 Gare Saint-Lazare, 2ème étage, Passerelle Eugénie, 8ᵉ
🚇 Gare Saint-Lazareサン・ラザール駅構内／Ⓜ3・12・13・14号線Saint-Lazareサン・ラザール駅から徒歩1分 🕐 01-42-99-91-20 🕐 6:30～19:00（日曜～18:00）㊡無休
💴 紅茶€6.50～、ケーキ€7.50～

フォンダンプラリネがポイントのラ・ダロワイヨ€11.90

おしゃれで気軽な雰囲気の店内

おいしくて美しいパリのごはんとスイーツ／優雅なパリのサロン・ド・テ

1903年創業のアンジェリーナは、ココ・シャネルをはじめとする著名人やパリの社交界、貴族階級の人に愛されてきました。

ひとりごはんや気軽な食事には こちらのカフェがおすすめです

朝コーヒーから夜お茶まで、だけじゃないのがパリのカフェ。
日本の定食屋さんさながら、安くておいしいごはんが食べられます。
ボリュームたっぷりなので、お腹をすかせて行きましょう。

1 テラスに座ってフランス語の会話を聞きながら、おしゃれなパリジャンウォッチング 2 マレでとくに人気のカフェ

本日のおすすめ
€15

マレの名物カフェは
野菜たっぷりごはんがウリ

ある日のメニュー、仔牛肉とジャガイモのグラタン。野菜もたっぷり

3 ギャルソンたちがさっそうと動きまわる 4 にぎわうテラス席のほか、店内も昼どきはいつも混雑する

レ・フィロゾフ
Les Philosophes

この界隈でとくに人気の「哲学者たち」という名のカフェ。新鮮な食材にこだわった料理とギャルソンたちの気さくなサービスが評判で、いつもにぎわいが絶えない。スイーツも美味。

MAP 付録P.15 C-2　　　　　　　　　　マレ

所28 Rue Vieille du Temple, 4ᵉ 交M1号線Saint-Paulサン・ポール駅から徒歩6分 ☎01-48-87-49-64
営9:00〜翌2:00(食事12:00〜翌1:00) 休月・火曜、8月上旬〜9月上旬 料昼・夜€20〜

有名パッサージュ内にある
クラシックな雰囲気のカフェ

ビストロ・ヴィヴィエンヌ
Bistrot Vivienne

パッサージュ内にたたずむ気品あるビストロカフェ。12時以降からいつでも食事が食べられ、カフェ利用のみも可能。

MAP 付録P.5 B-3　ルーヴル美術館周辺

所 4 Rue des Petits Champs, 2e
交 M3号線Bourseブルス駅から徒歩5分
☎ 01-49-27-00-50
営 9:00～翌0:00(食事12:00～23:00)
休 無休　料 昼€20.50～、夜€33～

パッサージュの美しさを感じられるテラス席が人気

タコとマリネのプレート
€25.50

タコの揚げ物とレモンリーフで香りづけしたご飯がマッチ。その他、定番ビストロ料理も食べられる

パッサージュのエントランスを囲むように店を構える

休憩時には甘いものを。パヴロヴァ€10.50

おいしくて美しいパリのごはんとスイーツ／気軽なごはんにおすすめのカフェ

牛肉のタルタル
€15.90

カフェの定番メニューが揃っている。料理はどれもボリューム満点

店内は木製の調度品とアンティークなオブジェで落ち着いた雰囲気

バスティーユ地区のサン・サバン通り沿いで、終日にぎわっている

地元の人に愛される
ノスタルジックなカフェ

カフェ・ド・ランデュストリー
Café de L'Industrie

下町に根付くオープンな雰囲気のカフェ。平日12:00～16:00は2皿€16、3皿€19と手頃なため、いつも混雑している人気店。

MAP 付録P.23 B-1　バスティーユ

所 16 Rue Saint-Sabin, 11e 交 M5号線Bréguet-Sabinブレゲ・サバン駅から徒歩2分 ☎ 01-47-00-13-53 営 9:00～翌2:00(食事12:00～翌0:00) 休 無休 料 昼€16～、夜€18.50～

多くのカフェやレストランでは、お得なランチコースは平日だけの提供になります。

夕方になったら人気の通りでアペリティフ
気分はすっかりパリジェンヌです

アペリティフとは「食前酒」のことで、略して「アペロ」と言われます。
ここで紹介する3つの通りとカフェは、
観光客でも気軽にアペロが楽しめるおすすめの場所です。

モントルグイユ通り
Rue Montorgueil

野菜やパン、肉や魚などを売る店がずらりと
並ぶ活気ある商店街です
図M4号線Étienne Marcelエチエンヌ・
マルセル駅から徒歩2分

アペロするならココ！

2階には19世紀の著名なアーティストのフレスコ画が

屋根裏を思わせる
落ち着く店内

オ・ロシェ・ド・カンカル
Au Rocher de Cancale

19世紀半ば創業の歴史を感じる木造
建築のカフェ。外観の装飾は必見。

MAP 付録P.5 C-3　　　　　　　　レ・アル

所78 Rue Montorgueil, 2e 図M4号線Étienne
Marcelエチエンヌ・マルセル駅から徒歩5分
☎01-42-33-50-29 営8:00〜翌2:00
休無休 料カクテル€12〜

フレッシュなイチゴ
が入った「モヒート・
ア・ラ・フレーズ」
€14

ボクはおさんぽ

1きれいにフルーツが並べられた青
果店の軒先 2オ・ロシェ・ド・カ
ンカルのテラス席 31730年創業
のパティスリー、ストレール 4商
店街に欠かせないフロマージュ店
5アペロを楽しむパリジェンヌ

パリジェンヌ流食前酒の楽しみ方

パリでは仕事の帰りやディナー前に、友達とカフェでアペロ（食前酒）タイムを楽しむ習慣があります。

アペロするならココ！

シャンパンベースのカクテル「フレンチ・75・パリ」€10.50

通りでひときわ目立つ開放的なカフェ

バー・デュ・マルシェ
Bar du Marché

時代もののポスター、サロペット姿のスタッフと、パリらしさ満載のカフェ。

MAP 付録P.18 E-2　サン・ジェルマン・デ・プレ

🏠16 Rue de Buci/75 Rue de Seine, 6ᵉ
Ⓜ10号線Mabillonマビヨン駅から徒歩3分
☎01-43-26-55-15　🕐8:00〜翌2:00
休無休　予カクテル€10.50〜

ビュシ通り
Rue de Buci

サン・ジェルマン・デ・プレ地区で人気の通り。いつも観光客や地元の人でにぎわっています

🚇Ⓜ10号線Mabillonマビヨン駅から徒歩2分

1 バー・デュ・マルシェは2つの通りに面している
2 行き交う人を眺めるのもテラス席の醍醐味
3 会話が弾むひととき　**4** バー・デュ・マルシェのスタッフ

おいしくて美しいパリのごはんとスイーツ／人気の通りでアペリティフ

アベス通り
Rue des Abbesses

おしゃれな大小のカフェ・レストランが集まっている下町のにぎやかな通りです

🚇Ⓜ12号線Abbessesアベス駅から徒歩1分

1 地元の人の憩いの通り　**2** モンマルトル散策にも便利なアベス駅　**3** クリーニング店のかわいい看板を発見　**4** アペロタイムはおさんぽタイム

アペロするならココ！

見逃してしまいそうな小さなカフェだがいつも大人気

赤ワインはグラスで€4〜5.90と手頃な価格

ル・ヴィラージュ
Le Village

小さなカフェのテラスにテーブルと椅子が並び、アットホームな雰囲気。

MAP 付録P.20 D-3　モンマルトル

🏠36 Rue des Abbesses, 18ᵉ　🚇Ⓜ12号線Abbessesアベス駅から徒歩3分
☎01-42-54-99-59　🕐7:00〜翌2:00
休無休　予ワイン€3.90〜

パリの人はアペロタイムが大好き。一緒にアペロを楽しめば、パリに住んでいる気分が味わえるかもしれませんね。

公園ランチやお部屋ディナーに
お惣菜のテイクアウトはいかがですか?

ランチは手軽に済ませたい。夕飯を軽くしたい。
そんなときはお惣菜を買って公園やホテルで食べるのもいいですね。
どれもおいしそうでついつい食べ過ぎてしまうかもしれません。

お惣菜やパティスリー、パンが美しく陳列
されている。パリでは7店舗を展開

サンドイッチ

スパイスがアクセントのベ
ジタリアンサンド€9.50

ツナのヴェリーヌ

ツナとパルメ
ザンチーズ、ケ
ッパーの組み
合わせ€10.80

チキンサラダ

彩り豊かなタ
イ風のチキン
サラダ

パリで有名な高級お惣菜店
ルノートル
Lenôtre

フランス菓子界の父と呼ばれるガストン・
ルノートル氏が1957年に創業。安心のおい
しさと華やかさで変わらぬ人気を誇る。

MAP 付録P.14 F-4　　　　　　バスティーユ

所 10 Rue de Saint-Antoine, 4e 交 Ⓜ1・5・8号線
Bastilleバスティーユ駅
から徒歩3分 ☎01-53-
01-91-91 営9:00〜20:00
休 無休

パリの中心地にある
アクセスのよい店舗

ロングセラーの人気お惣菜屋さん
メゾン・ミュロ
Maison Mulot

パティシエとして名高いミュロ氏の名惣
菜店。同氏の定年退職後はファビアン・ル
イヤール氏がレシピを受け継いでいる。

MAP 付録P.18 E-3　　サン・ジェルマン・デ・プレ

所 76 Rue de Seine, 6e 交 Ⓜ10号線Mabillonマ
ビヨン駅から徒歩3分 ☎01-43-26-85-77
営8:00〜20:00(日曜〜15:00) 休 月曜

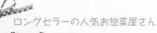

サーモンのパイ包み

サーモンやホウレン
ソウ、お米などが入っ
ている。€13(1人前)

種類豊富で見た目もきれいなお惣菜は、
地元の人にも旅行者にも大人気

昼どきには店
の外まで長い
行列ができる

プレート

数種類あるプレー
トは肉も野菜もた
っぷり。€17〜21

キッシュ

全8種類、サーモンや
野菜などのキッシュが
並ぶ。€6〜7(1人前)

量り売りのお惣菜を買うには？

お店の人に必要量を伝えましょう。「1人前ください」はフランス語で「プール・ユンヌ・ペルソヌ，スィル・ヴ・プレ」と言います。

パテ・アン・クルット

おいしくて美しいパリのごはんとスイーツ／お惣菜をテイクアウト

フランスの定番お惣菜が揃う

メゾン・ヴェロ
Maison Vérot

美食の街リヨンで創業した豚肉加工品とお惣菜の店が1997年にパリにオープン。絶品のお惣菜がパリジャンに大人気。

MAP 付録P.10 F-3　　　　モンパルナス

所 3 Rue Notre-Dame des Champs, 6e 交 M4号線Saint-Placideサン・プラシッド駅から徒歩1分 ☎01-45-48-83-32 営9:00〜20:00（土曜〜19:30）休日・月曜、8月に1週間

©Géraldine Martens

デパートを含めパリで6店舗を展開。厳選食材を使ったお惣菜が味わえる

鴨肉とフォアグラ、いちじくのパイ包み焼きをお皿に盛り付けて。1カット€17.40

野菜のテリーヌ

数種類の野菜を使用したテリーヌ。1カット€10.90

ブーシェ・ア・ラ・レーヌ

ベシャメルソースと鶏肉、キノコをパイ生地に詰めた伝統料理。€7.90

お惣菜 Photos：©Lucie Sassiat

食材・食品の有名ブランドが集まっているグルメフロアは見るだけで楽しい

タルト・イタリアン

ズッキーニ、ヤギのチーズ、トマト€30.90（1kg）

丸ごと半熟卵とハムの前菜

とろける卵をゼリーとハムで包んだ前菜€3.60

ミニソーシッソン

1口サイズのドライソーセージはおつまみに。€13.16（242g）

品揃えが魅力なデパートグルメ

ギャラリー・ラファイエット・ル・グルメ
Galeries Lafayette Le Gourmet

イートインが充実し、ランチどきには多くの人が集う。フレンチ惣菜は地下1階、地上階にはスイーツや各国の惣菜が揃う。

MAP 付録P.16 E-1　　　　オペラ周辺

所 35 Bd. Haussmann, 9e 交 M7・9号線Chaussée d'Antin-La Fayetteショセ・ダンタン・ラ・ファイエット駅から徒歩3分 ☎01-40-23-52-67 営9:30〜21:30（日曜・祝日11:00〜20:00）休一部祝日

デパートグルメといえば、ル・ボン・マルシェ ➡ P.104のラ・グランド・エピスリー（食品館）の自家製お惣菜もおすすめです。

これぞパリ！な景色に出会える
絶景レストランへようこそ

エッフェル塔やセーヌ川、美しいパリの街並みを望む
眺望抜群のレストランで極上のひとときを。
優雅な気分に浸りながらゆったり食事を楽しみましょう。

©Philippe Vaurès Santamaria

《絶景ポイント》

エッフェル塔を目の前にしながら優雅に食事が楽しめる。太陽が降り注ぐランチもいいが夜はエッフェル塔がライトアップされ、よりロマンチックな雰囲気に

©Merci Bien

テラス席は目の前にエッフェル
塔を望める絶好のスポット

創造性あふれる
現代的なフレン
チが味わえる

エッフェル塔を目前に眺める
ベストスポット

レ・ゾンブル
Les Ombres

ケ・ブランリー・ジャック・シラク美術
館 ➡ P.115屋上にある、アラン・デュカ
ス傘下のレストラン。パリとエッフェ
ル塔の素晴らしい景色を眺めなが
ら、デュカス氏のトレンドテーマであ
る地中海・モダン・ナチュラルを体
現した料理が味わえる。

MAP 付録P.7 B-4 📷 エッフェル塔周辺

🏠 27 Quai Jacques Chirac, 7ᵉ
🚇 Ⓜ9号線Alma Marceauアルマ・マルソー
駅から徒歩7分 ☎ 01-47-53-68-00
🕐 12:00〜14:00、19:00〜22:00
🈳 無休 💴 昼€58〜、夜€128〜

光が差し込む明る
い店内。大きなガラ
スの天井が印象的

©Elements Groupe

エッフェル塔を正面から眺められます
シャイヨー宮の建築文化財博物館内にあるシーフードがメインのレストラン、ジラフ（Girafe）のテラス席もおすすめ。予約必須です。**MAP** 付録P.7 A-3

＊絶景ポイント＊
高層ビルの最上部から見る街はまるでジオラマ。観光スポットの位置関係を上から確認するのもおもしろい

＊絶景ポイント＊
6階の高さから眼下のマレ地区やレアル地区を間近に眺められ、パリの日常が感じられる。観光名所も見渡せる

1 眼下にはパリの街並みが広がる
2 モダンにアレンジされたフレンチが楽しめる

1 天井が高く開放感たっぷりの屋内席も魅力ながら、ハイシーズンにはテラス席がおすすめ　2 ベーシックな料理をモダンにアレンジ

パリ随一の街並みを一望できる特等席
ル・シエル・ド・パリ
Le Ciel de Paris

パリ随一の景観が楽しめるモンパルナス・タワー56階にあり、モダンフレンチが味わえる。食事をしながら景色を独占できる贅沢なロケーションが自慢。ディナータイムは夜景の輝きが見事。

MAP 付録P.10 E-4　モンパルナス
33 Av. du Maine, 15e　M 4・6・12・13号線Montparnasse Bienvenüeモンパルナス・ビアンヴニュ駅から徒歩3分
01-40-64-77-64　8:30〜翌0:30（朝〜10:30、昼12:00〜14:30、サロン・ド・テ15:00〜17:30、夜19:00〜）　無休
昼€35〜、夜€79〜

パリの街並みが身近に感じられる穴場
ジョルジュ
Georges

ポンピドゥー・センター **P.115** の最上階にあるフレンチ・レストラン。常に時代を先取りするコスト系列の店とあり、モダンでアートな空間が評判。ドリンクのみの利用も可能。

MAP 付録P.15 A-1　マレ
Pl. Georges Pompidou, 4e　M 11号線Rambuteauランビュトー駅から徒歩1分
01-44-78-47-99
12:00〜翌2:00（食事〜23:00）　火曜
昼€18〜、夜€40〜
※ポンピドゥー・センター改装休館に伴い閉店。詳しくは **P.115**

デパート屋上からパリを一望
ルーフトップカフェバーもおすすめ

プランタン・オスマンのメンズ＆プランタン・デュ・グー館9階屋上にあるカフェバー、ペルーシュからはパリの街並みを遠くまで眺めることができる。緑が生い茂る500㎡もの開放的な空間はリゾート感もたっぷり。

ペルーシュ
Perruche

MAP 付録P.5 A-1オペラ周辺
プランタン・オスマン **P.60**
01-40-34-01-23　12:00〜15:00（土・日曜12:30〜16:00）、19:00〜翌2:00（L.O.23:00）
10〜4月バーのみ冬季休業

デパートにあるカフェバーなので気軽に訪れやすい。パリを一望できるテラス席が人気

photos：©Phillippe Schaff ou @Rémy D'Arcangelo

おいしくて美しいパリのごはんとスイーツ／絶景レストランへ

モンパルナス・タワーの最上階には展望台もあります。オンライン購入の入場料は€20、週末と祝日は€21（現地購入＋€4）です。

郷土色たっぷりの
フランス地方料理を食べてみませんか？

パリにいながらフランス各地の料理が味わえる、
そんなビストロがパリジャンの人気を集めています。
それぞれの土地の恵みを心ゆくまで召し上がれ。

●名物料理●
ブルターニュの
魚介類の煮込み
コース料金＋€12

ブルターニュ地方

ブルターニュへ思いをはせて
シェ・ミッシェル
Chez Michel

1939年創業の老舗ビストロ。2016年より4代目オーナー
シェフ河合昌寛氏が腕をふるう。店の伝統を活かしたブル
ターニュ風ポトフなどの定番メニューのほか、河合シェフ
が独自にアレンジした料理にも期待したい。

MAP 付録P.2 D-2 🕐 　　　　　　　北駅周辺

所10 Rue de Belzunce, 10ᵉ 交Ⓜ4・5号線Gare du Nordガール・
デュ・ノール駅（北駅）から徒歩3分 ☎01-44-53-06-20
営12:00〜14:30、19:00〜22:00 休土・日曜、8月に3〜4週間、年末
年始に1週間 料昼€40〜、夜€48

■フランスの田舎家のような木組みの店内には落ち着いた雰囲気が漂う
2フランス伝統菓子のパリ・ブレスト　3ブルターニュ出身シェフから学んだ
スペシャリテ。メニューはコース（昼€40、€48、夜€48）のみ

バスク地方

バスク産食材をダイナミックに使用
ラミ・ジャン
L'Ami Jean

ネオ・ビストロブームの火付け役となった店のひとつ。ソー
セージやハムなどのシャルキュトリー（豚肉加工品）をはじ
めとする、バスクの名産品を使ったダイナミックな料理が味
わえる。フォアグラ、ジビエを使った料理も人気。

MAP 付録P.7 C-4 🕐 　　　　　エッフェル塔周辺

所27 Rue Malar, 7ᵉ 交Ⓜ8号線La Tour Maubourgラ・トゥール・
モブール駅から徒歩8分 ☎01-47-05-86-89
営12:00〜14:00、19:00〜22:30（土曜12:00〜14:00）
休日・月曜、8月 料昼€40〜、夜€60〜

■伝統的なデザート、リ・
オ・レ€15　2とろりとし
た仔牛の胸腺肉。季節
によりつけあわせが変わ
る　3常に満席なので
予約は必須

●名物料理●
リ・ド・ヴォー
€48

フランス地方料理あれこれ

海に面したブルターニュ地方は魚、畜産が盛んなバスク地方は肉、酪農が盛んなオーヴェルニュ地方はチーズがメインに。またプロヴァンス地方の料理はイタリアや北アフリカ料理の影響を受けています。

●名物料理●
プロヴァンス風
ファルシ€24

プロヴァンス地方

パリで満喫するプロヴァンス料理
シェ・ジャヌー
Chez Janou

ハーブやオリーブオイルを使ったプロヴァンス料理が食べたくなったらこちらへ。彩り鮮やかな野菜のファルシや地中海で獲れる魚料理など、南仏のさわやかな味覚が堪能できる。個性的なアニス酒のパスティスも充実している。

MAP 付録P.14 F-3 📷　　　　　　　　　　　マレ

🏠 2 Rue Roger Verlomme、3ᵉ 🚇Ⓜ8号線Chemin Vertシュマン・ヴェール駅から徒歩3分 ☎01-42-72-28-41
🕐12:00〜17:00、19:00〜23:30 休無休 料昼€18〜、夜€35〜

１南仏でよく飲まれるパスティスの種類が豊富。食前酒として試してみては ２色鮮やかな野菜を使ったファルシ ３地元の人でにぎわうビストロ風の店内

●名物料理●
牛肉のステーキ
とアリゴ€31

オーヴェルニュ地方

素朴で温かい昔ながらの店
アンバサード・ドーヴェルニュ
Ambassade d'Auvergne

「オーヴェルニュ大使館」という名前のとおり、オーヴェルニュ地方の郷土料理をたっぷり堪能できるビストロ。素朴ながらも良質の素材を吟味した昔ながらの料理が自慢。田舎の宿屋風の内装とスタッフの温かなもてなしも魅力のひとつ。

MAP 付録P.4 D-3 📷　　　　　　　　　　　マレ

🏠 22 Rue du Grenier Saint-Lazare、3ᵉ 🚇Ⓜ11号線Rambuteauランビュトー駅から徒歩3分 ☎01-42-72-31-22
🕐12:00〜14:00、19:30(金・土・日曜19:00)〜22:00(日曜〜21:30)
休年末に数日 料昼€22.50〜、夜€33〜

１ゆったりとした店内 ２マッシュポテトとチーズなどを混ぜ合わせた名物アリゴ。餅のようにのびる ３サレール産の牛肉ステーキにソースを添えて。アリゴとの相性もぴったり

ラミ・ジャンは超人気店なので予約必須です。公式サイトでは4か月前から予約を受け付けています。

おいしくて美しいパリのごはんとスイーツ／フランスの地方料理

ビストロの利用方法を ご紹介します

**外国での食事はちょっと緊張してしまうもの。
基本的な流れやマナーをおさえておけば安心です。
メニューの見方や仕組みもマスターしましょう。**

1 入店する

- ・人気のお店は予約を。公式サイトから予約できる店も多い
- ・入店時は必ずあいさつを。スタッフの対応も変わってくる
- ・案内してもらって席につく。アペリティフ(食前酒)を聞かれるので必要なら注文、不要なら「ノン メルスィ」と答えてメニューをもらう

入店時のあいさつ
ボンジュール(こんにちは)
ボンソワール(こんばんは)

2 注文する

- ・基本は前菜+メイン+デザートの3品だが、2品またはメインだけの注文もOK。ムニュ(セットメニュー)だと注文しやすい
- ・デザートはメインを食べたあとに頼んでもOK
- ・スタッフを大声で呼ぶのはマナー違反。基本は来るまで待つ。呼びたいときは、目を合わせ軽く手を上げるなどして合図を

声をかけるとき
エクスキュゼ モワ(すみません)

3 料理を楽しむ

- ・水道水は無料で頼める。ミネラルウォーターは有料
- ・パンは無料で出され、おかわり自由
- ・メインは原則1人1皿で取り分けしないが、最近はシェアスタイルのお店も増えている

味を聞かれたら
セ ボン(おいしい)

4 会計をする

- ・スタッフに声をかけてレシートをもらい、テーブルで支払う
- ・チップを渡すかは自由。サービスに満足してお礼を伝えたいときは3〜10%を目安に渡す

会計を頼むとき
ラディシオン スィル ヴ プレ
(会計お願いします)

5 店を出る

- ・支払いが終わったら、お店の人にあいさつをして店を出る

退店時の挨拶
メルスィ(ありがとう)
オ ルヴォワール(さようなら)

メニューの見方

Menu (ムニュ)

定食、コース料理のこと。右のメニューでは、前菜+メインまたは(ou)メイン+デザートで€32、前菜+メイン+デザートで€42。好きな組み合わせを選べる場合と固定の場合がある

ワンポイント 日本語でいうメニューはCarte(カルト)という。à la Carte(ア ラ カルト)は単品メニューから選ぶこと

Plat (プラ)

メインの皿。肉料理(Viandesヴィアンド)も魚料理(Poissonsポワソン)も一緒に書かれていることが多い。料理によっては追加料金が必要な場合もある

Menu

1 Entrée + 1 Plat ou 1 Plat + 1 Dessert €32
1 Entrée + 1 Plat + 1 Dessert €42

Entrées
Foie gras de canard €18
Terrine de saumon €13
Salade composée €13
Millefeuille de légumes €15

Plats
Tartare de saumon aux graines de sésame €20
Joue de bœuf au vin rouge €30
Lapin en trois façons €26
Steak à cheval €20
Confit de canard €20

Desserts
Plateau de fromage €16
Crème brûlée €12
Mousse au chocolat €12
Tiramisu €13

Entrée (アントレ)

前菜。サラダやエスカルゴなどの軽いものだけでなく、フォアグラなどのボリュームのあるものも用意されている

Dessert (デセール)

デザートメニュー。どれも量が多いのでお腹と相談して注文を

Fromage(フロマージュ)はチーズのこと。甘いものかチーズを選べる店も多い

定番をもっと
楽しむパリさんぽ

華やかなシャンゼリゼ大通りや、パリ発祥の地シテ島、
観光の中心地オペラ〜ルーヴル界隈やモンマルトルの丘…。
エリアごとにさまざまな表情を見せる街をおさんぽしましょう。
芸術の都パリではアート鑑賞も外せません。
定番の名所こそじっくりと、心ゆくまで楽しみましょう。

パリらしい
風景が
待っています

パリらしい華やかさに心躍る
シャンゼリゼでショッピングクルーズ

凱旋門からコンコルド広場を結ぶ約2kmのシャンゼリゼ大通り。
世界で最も美しい通りともいわれるパリのメインストリートです。
注目ショップもたくさんの華やかな通りでお買いものを楽しみましょう。

A キャトルヴァン・シス・シャン
スイーツ&コスメブランドがコラボ
86 Champs

ピエール・エルメとロクシタンのコラボ店。創業者が20年来の友人であることが誕生のきっかけになった。店舗限定アイテムなどが揃うブティックとカフェを併設する。

この店限定の香水は各€120

通りに面したテラス席でエルメのスイーツを

MAP 付録P.7 C-2

所86 Av. des Champs-Élysées, 8ᵉ 図Ⓜ1号線George Vジョルジュ・サンク駅から徒歩2分 ☎01-70-38-77-38 営10:30～22:00（金・土曜10:00～23:00、日曜10:00～22:00）休無休

B セフォラ
国内最大級のコスメ専門店
Sephora

パリ市内に26店あるなかでも大型の店舗。シャネルやYSL、ディオールといった高級コスメのほか、プチプラでかわいいオリジナルブランドも豊富に揃う。

MAP 付録P.7 C-2

所72 Av. des Champs-Élysées, 8ᵉ 図Ⓜ1号線George Vジョルジュ・サンク駅から徒歩3分 ☎01-53-93-89-25 営10:00～21:30 休無休

2 **1**

❶スイカ風味のリップバーム€4.99 ❷シアバター配合のハンドバーム€4.99

シャンゼリゼのランドマーク♪

凱旋門
⇒P.31

Ⓜ シャルル・ド・ゴール・エトワール駅

Ⓜ ジョルジュ・サンク駅

A B D
C モノプ

ルイ・ヴィトン・本店

フーケッツ・パリ

ラデュレ・シャンゼリゼ店

C

老舗カフェ、フーケッツ・パリでひと休みも◎

リニューアルで広くなったサロン・ド・テも人気のラデュレ

C ピュブリシス・ドラッグストア
休憩や買いものに便利
凱旋門前の複合施設
Publicis Drugstore

食品や雑貨、おみやげが購入できるショップ、軽食売り場、ブラッスリーなどが入る複合施設。2階には有料トイレも。

MAP 付録P.7 B-1

所133 Av. des Champs-Élysées, 8ᵉ 図Ⓜ1・2・6号線Charles de Gaulle-Étoileシャルル・ド・ゴール・エトワール駅から徒歩2分 ☎01-44-43-75-07 営8:00～翌2:00（土・日曜10:00～）休無休

凱旋門がよく見えるブラッスリーのテラス席
©Yann Deret

お〜♪シャンゼリゼ

D 老舗デパートのシャンゼリゼ店
ギャラリー・ラファイエット・シャンゼリゼ
Galeries Lafayette Champs-Élysées

1930年代、アメリカの銀行として建設された豪奢な空間をリニューアルし、2019年3月にオープン。旬なメゾンのセレクトのほか地階のフードコートにも注目。

地上3階、地下1階からなる

MAP 付録P.7 C-2

所 60 Av. des Champs-Élysées, 8e
交 Ⓜ1・9号線Franklin D. Rooseveltフランクラン・デ・ルーズヴェルト駅から徒歩2分
☎ 01-83-65-61-00 営 10:00〜21:00 休 無休

フードコートもおすすめ

オベリスクが目印のコンコルド広場

お惣菜のイートインやおみやげ選びに最適

フランクラン・デ・ルーズヴェルト駅

シャンゼリゼ・クレマンソー駅

Ⓜ コンコルド駅

コンコルド広場

グラン・パレ

企画展が開催される国立ギャラリー
※2025年春まで改装中

立ち寄りスポット

E ハイブランドが並ぶセレブな通り
E モンテーニュ大通り
Avenue Montaigne

高級ホテル、プラザ・アテネもある

フランスの老舗ブランドをはじめ、世界の一流ブティックが建ち並ぶショッピング・ストリート。ディオール、セリーヌ、ジバンシィなどの本店もある。

MAP 付録P.6 D-2

交 Ⓜ1・9号線Franklin D. Roosevelt
フランクラン・デ・ルーズヴェルト駅から徒歩1分

絵画の逸品が勢揃い
プチ・パレ
Petit Palais

グラン・パレの隣に建つ小さな宮殿。館内にはモネの『ラヴァクールの日没』など多数の名画があり、無料で見られる。

MAP 付録P.6 E-3

所 Av. Winston Churchill, 8e 交 Ⓜ1・13号線Champs-Élysées Clemenceauシャンゼリゼ・クレマンソー駅から徒歩1分
☎ 01-53-43-40-00 営 10:00〜18:00(企画展のみ金・土曜〜20:00)、入場は閉館の45分前まで(企画展の最終入場は変動あり)
休 月曜、一部祝日 料 無料(企画展は有料)

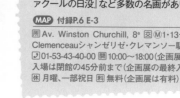

毎月第1日曜は、シャンゼリゼ大通りが歩行者天国に。大気汚染対策の一環として、2016年より行なわれています。

パリ発祥の地シテ島と
サン・ルイ島をぶらりおさんぽ

シテ島とサン・ルイ島は"島"といわれますが、
パリの中心を流れるセーヌ川にある中州のことです。
パリで最も古い歴史ある街並みが魅力的な場所です。

風情ある街並みは
地元の人にも人気

シテ島とサン・ルイ島

パリはシテ島とサン・ルイ島から始
まったとされる。この2つの島はパ
リ市内で最も古い歴史を持つ1区お
よび4区に属している。

シテ島の西側からの眺め。パリ最古の橋ポン・ヌフがか
かる。セーヌ川に囲まれた歴史ある街並みがパリらしい

素敵なものが
ありそう

おしゃれなお店を
見ながら散策

堂々とした威厳
ある裁判所

かわいいお店

コンシェルジュリーの外観

気になるお店
があちこちに

撮影スポットです

パリ唯一の常設の花市

トゥルネル橋からの
美しい眺め

コンシェルジュリーの塔には
パリ最古の時計がかかる

ノートル・ダム大聖堂
Cathédrale Notre-Dame de Paris

聖母マリアを讃える聖堂とし
て1163年に建造が始まり、
完成は1345年。繊細で優美
な彫刻と全体の色合いから
「白い貴婦人」と呼ばれる。

MAP 付録P.15 A-4

所 6 Parvis Notre-Dame/Pl.
Jean Paul Ⅱ、4ᵉ Ⓜ4号線Cité
シテ駅から徒歩3分 ☎01-42-
34-56-10 ※火災の復旧工事の
ため閉鎖中、2024年12月再開
予定

サント・シャペル
Sainte-Chapelle

キリストの聖遺物を納めるた
めに建造。600㎡におよぶパリ
最古のステンドグラスは壮観。

MAP 付録P.9 C-1

所 10 Bd. du Palais、1ᵉʳ Ⓜ4号線Citéシテ駅から徒歩2分 ☎01-53-40-
60-80 🕐9:00～19:00 (10～3月～17:00)、入場は閉館の30分前まで 休一
部祝日 €13 (11～3月の第1日曜無料)※公式サイトなどから要日時予約

花市
Marché aux Fleurs

切り花から鉢植えまでさまざ
まな季節の花が並ぶ。ガーデ
ニンググッズも揃う。

MAP 付録P.9 C-1

Ⓜ4号線Citéシテ駅から徒歩1分 🕐9:30～19:00頃※店舗により
異なる 休無休 ※2025年から改修工事予定

メゾン・モワネ
Maison Moinet

1852年、モワネ家が水
の街ヴィシーにて創業。
地元の温泉から出る塩
分が含まれたパスティー
ユ (タブレット) が有名。

MAP 付録P.8 D-2

所 45 Rue Saint-Louis en l'Île、4ᵉ Ⓜ7号線Pont Marieポン・マ
リー駅から徒歩4分 ☎01-42-02-87-18 🕐11:00～13:30、14:30～
19:00 休日・月曜

イチゴとブルー
ベリー風味の
フルーツゼリー
250g€13.50

パスティーユはミ
ント、アニスなど
があり70g€4.50

お菓子がぎゅっと詰まった
店内。真っ赤な外観も目印

ベルティヨン
Berthillon

1954年創業のサン・ルイ島にある大人
気のアイスクリーム店。新鮮な素材を
使って作る自家製アイスクリームやシ
ャーベットを求めていつも行列ができ
ている。一番人気はショコラ・ノワール。

MAP 付録P.8 D-2

所 29-31 Rue St-Louis en
l'Île、4ᵉ Ⓜ7号線Pont Marie
ポン・マリー駅から徒歩3分
☎01-43-54-31-61 🕐10:00～
20:00 休月・火曜、8月

1アイスクリー
ム€3.50～
2日により変わ
るフレーバー約
30種類が並ぶ

定番をもっと楽しむパリさんぽ／シテ島とサン・ルイ島をおさんぽ

ノートル・ダム大聖堂のステンドグラスは、花びらが広がるような形から「バラ窓」と呼ばれています。

伝統とトレンドがぎゅっと詰まった
オペラ～ルーヴル界隈をおさんぽ

オペラ座（パレ・ガルニエ）からルーヴル美術館周辺は
パリの伝統とトレンドがミックスされた華やかなエリア。
広場やカフェでひと休みしながら、お買いものを楽しみましょう。

歴史的建造物と新旧のお買いものスポット
華やかなパリを満喫しましょう

観光客で賑わう右岸の中心地は、歴史的に商業が栄えたエリ
アでもあり、伝統ある老舗の高級店からトレンドをリードす
る最新ショップまで、パリらしい洗練されたお店が揃う。

A ル・グラン・カフェ・フォション
Le Grand Café Fauchon

高級食材店が集まるマドレーヌ広
場 **P.22**に面した、フォション・ロテ
ル・パリ **P.128**内のカフェ＆レスト
ラン。フォションならではの高級食
材を生かした美食を堪能したい。

内装はフォション
カラーのピンク

ランチコースは2皿€
46、3皿€57

MAP 付録P.17 C-2 📷

所 11 Pl. de la Madeleine 8ᵉ 交 M 8・12・
14号線Madeleineマドレーヌ駅から徒歩
2分 ☎ 01-87-86-28-15 営 7:00～22:30
休 無休 料 昼€46～、夜€60～

人気のスイーツ、
ビズビズ€14

B ヴァンドーム広場
Place Vendôme

ルイ14世の命で建設さ
れた広場。王の騎馬像
は革命時に壊され、その
後ナポレオンが戦勝記
念の柱を立てた。周辺
は高級宝飾店が並ぶ。

MAP 付録P.16 D-3

所 Pl. Vendôme, 1ᵉʳ
交 M 1号線Tuileriesチュイ
ルリー駅から徒歩5分

記念柱の上にナポレオン像が立つ

C メゾン・サラ・ラヴォワンヌ
Maison Sarah Lavoine

売れっ子デザイナーのサラが
デザイン＆セレクトした商品を
集めたライフスタイルストア。
カフェも併設する。

サラの家を訪
れたようなくつ
ろげる雰囲気

MAP 付録P.5 B-3

所 6 Pl. des Victoires, 2ᵉ
交 M 3号線Bourseブルス駅から徒
歩4分 ☎ 01-40-13-75-75
営 10:30～19:00
休 日曜、8月に2週間

素敵なコーディネートも参考に

地図ラベル:
サントレ通りは
高級ブランド店が
並びます
Bd. Malesherbes
R. Pasquier
R. de l'Arcade
R. Tronchet
ル・グラン
カフェ・フォション
Le Grand Café Fauchon
A
マドレーヌ寺院
マドレーヌ
Madelei
R. du Faubourg St-Honoré
E ロレール
Laulhère
Av. Gabriel
R. Royale
P.19
オテル・ド・ラ・マリン
Av. des Champs Elysées
コンコルド
Concorde
オベリスク
ジュ・ド・ポーム
美術館
コンコルド広場・
P.42
チュイルリー公園
コンコルド橋
オランジュリー美術
P.114
ブルボン宮
セーヌ川
Quai des Tuileries

2大デパートも近く
オペラ座⇒P.120裏手のプランタン・オスマン⇒P.60
やギャラリー・ラファイエット・パリ・オスマン⇒P.61
にも立ち寄ってみましょう。

オペラ座は
ここに
あります

Ⓡ オベール
Auber
Ⓜ ショセ・ダンタン・ラ・ファイエット
Chaussée d'Antin La Fayette
Ⓜ オペラ座
（パレ・ガルニエ）P.120
d. des Capucines
Ⓜ オペラ
Opéra
Ⓜ パッサージュ・デ・パノラマ
Passage de Panoramas
R. Volney
Av. de l'Opéra
R. de la Paix
Ⓜ カトル・セプタンブル
Quatre Septembre
ブルス Ⓜ
Bourse
メゾン・サラ・ラヴォワンヌ Ⓒ
Maison Sarah Lavoine
Ⓑ ヴァンドーム広場
Place Vendôme
フランス国立図書館・
P.18
ギャルリー・ヴィヴィエンヌ Ⓕ
Galerie Vivienne
R. St-Honoré
サントノレ通り
ピラミッド Ⓜ
Pyramides
オペラ大通り
ヴィクトワール広場・
Ⓜ チュイルリー
Tuileries
・ピラミッド広場
P.108
ルーヴル美術館♦
Ⓓ パレ・ロワイヤル
Palais Royal
R. de Rivoli
・コメディ
フランセーズ
パレ・ロワイヤル・ミュゼ・デュ・ルーヴル Ⓜ
Palais Royal Musée du Louvre

地元の人たちが日光浴を楽しむ
美しい庭園

Ⓓ **パレ・ロワイヤル**
Palais Royal

17世紀に建造され、ルイ14世が幼少期を
過ごした王宮。コの字型の美しい回廊に
は、ブティックやカフェが軒を連ねる。

歴史を感じる回廊

MAP 付録P.5 B-3

所Jardin du Palais Royal/8 Rue Montpensier, 1ᵉʳ 交Ⓜ1・7号線
Palais Royal Musée du Louvreパレ・ロワイヤル・ミュゼ・デュ・ル
ーヴル駅から徒歩1分 ☎01-47-03-92-16 営8:30～22:30（10～3月
8:00～20:30）休無休 料無料

Ⓔ **ロレール**
Laulhère

1840年創業のベレー帽専門店。タイムレスな
魅力の伝統的ベレー帽のほか、流行を取り入
れたデザインなどさまざまな種類が揃う。

中庭に面した店舗

MAP 付録P.17 B-3

所14-16 Rue du Faubourg
Saint Honoré, Fond de cour/
Courtyard, 8ᵉ 交Ⓜ8・12・14号
線Madeleineマドレーヌ駅から
徒歩4分 ☎01-42-65-90-59
営11:00～18:00 休日曜

Ⓕ **ギャルリー・ヴィヴィエンヌ**
Galerie Vivienne

パリで1、2を争うといわれる
美しいパッサージュ（ガラス
屋根のアーケード街）。ネオ・
クラシック様式の装飾が素
晴らしく、床のモザイクタイ
ルも優美。

MAP 付録P.5 B-3

交Ⓜ3号線Bourseブルス駅から
徒歩3分 営8:30～20:00 休無休

1823年建設。ときが止まっ
ているかのような美しさ

メゾンのアイコン的存在の
ベレー帽は全15色、€79

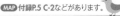

フランス製の高品質なベレー帽が並ぶ。パ
リらしいアイテムは旅の思い出に◎

右岸には個性あるパッサージュが点在。他にもギャルリー・ヴェロ・ドダ **MAP** 付録P.5 B-3やパッサージュ・デ・パノラマ **MAP** 付録P.5 C-2などがあります。

101

定番をもっと楽しむパリさんぽ／オペラ～ルーヴルさんぽ

モンマルトルの丘を歩いて
素敵な風景に出会いましょう

芸術家たちが愛してやまないパリの下町、モンマルトル。
19世紀半ばにパリと合併されるまでは郊外の農村でした。
そんな気取らない雰囲気が魅力のエリアで小道散策しましょう。

多くの芸術家に愛されたパリの下町

19世紀末頃、安アパートやアトリエ、スケッチができる場所を求めて、多くの芸術家がモンマルトルへ移住。ピカソやモディリアーニ、ピサロ、ゴッホなど名だたる芸術家が創作活動を行なった。

風情ある坂道がたくさん！

モンマルトル墓地

ゴッホのアパート●

R. de la Barrière Blanche
R. Joseph de Maistre
R. Damrémont
フランクール坂道
R. Caulaincourt
R. Forest
R. Caulaincourt
R. R. Planque
R. Lepic
ルピック坂道
R. Blanche
Bd. de Clich

● メインゲート
カフェ・デ・ドゥ・ムーラン C
Café des 2 Moulins

P.121 ムーラン・ルージュ●

Ⓜ ブラスト・ド・クリシー
Place de Clichy

ブランシュ Ⓜ
Blanche

ベルリオーズ公園

A ジル・マルシャル
Gilles Marchal

5つ星ホテルなどで活躍し「スイーツの魔術師」と呼ばれるパティシエの店。スペシャリテのマドレーヌなど焼き菓子も豊富。

MAP 付録P.20 D-3

所 9 Rue Ravignan, 18ᵉ 交 Ⓜ12号線 Abbessesアベス駅から徒歩2分
☎ 01-85-34-73-30 営 8:30〜13:00、14:00〜19:00 (土曜8:30〜19:00、日曜8:30〜18:00、8月は変更あり) 休 月・火曜

自らの名を冠した店を2014年にオープン

細長いオペラ€6.20は繊細な味わい

メレンゲたっぷりのレモンタルト€6.50

出身地ロレーヌ地方の銘菓マドレーヌ €1.90〜€2.50

B モンマルトル美術館
Musée de Montmartre

モンマルトルゆかりの画家たちの作品を展示。この建物に住んでいたヴァラドンとユトリロのアトリエも見学できる。

MAP 付録P.20 E-2

所 12 Rue Cortot, 18ᵉ 交 Ⓜ12号線 Lamarck Caulaincourtラマルク・コランクール駅から徒歩6分 ☎ 01-49-25-89-39 営 10:00〜19:00 (10〜3月〜18:00)、入場は閉館の45分前まで 休 無休 料 €15、庭園のみ€5

ロートレックやルノワールなどを展示する

グッズも充実。マグネット各€4.90

庭に面したカフェ・ルノワールもある

C カフェ・デ・ドゥ・ムーラン
Café des 2 Moulins

映画『アメリ』の主人公、アメリ・プーランが勤めるカフェのロケ地。映画にも登場したクレーム・ブリュレはもちろん、お得なランチもおすすめ。

MAP 付録P.21 C-3

所 15 Rue Lepic, 18ᵉ 交 Ⓜ2号線Blanche ブランシュ駅から徒歩2分 ☎ 01-42-54-90-50 営 7:00〜翌2:00 (土・日曜9:00〜) 休 無休 料 ドリンク€2〜

人気のクレーム・ブリュレは€8.90

店内には『アメリ』の巨大ポスターが

ケーブルカーでモンマルトルの丘へ
サクレ・クール寺院下からの急な階段を上る
かわりに、ケーブルカーを利用するのもおす
すめ。片道€2.15（メトロチケットでも可）。

美しい白が際立つ。前庭の芝ではのんびり休憩もできる

地図

M ラマルク・コランクール
Lamarck Caulaincourt
R. Custine

Av. Junot

● サン・ヴァンサン墓地

● モンマルトルぶどう畑

モンマルトル美術館 B ● サティの家
Musée de Montmartre

● ムーラン・ド・ラ・ギャレット

サクレ・クール寺院
Basilique du Sacré-Cœur

✝ サン・ピエール教会

● ダリ・パリ E D

テルトル広場
Place du Tertre

アトリエ洗濯船跡

A ● ジル・マルシャル
Gilles Marchal

フニキュレール
（ケーブルカー）

des Abbesses
アベス通り

F ● ジュテームの壁
Le Mur des je t'aime

R. Véron アベス M
Abbesses

サン・ピエール広場

アベス広場

アル・サン・ピエール美術館

R. des Martyrs

マルティール通り

アンヴェール M
Anvers

ピガール M
Pigalle ● ピガール広場

Bd. de Rochechouart

パリ中心部より約100m
高い丘の上に建つ

D サクレ・クール寺院
Basilique du Sacré-Cœur

丘の上にそびえる白亜の寺院で、塔から
はパリを一望できる。イスラム建築の影
響を受けた外観が特徴。

MAP 付録P.20 F-2

㎡ Pl. du Parvis du Sacré-Cœur, 18ᵉ
交 M2号線Anversアンヴェール駅から徒歩8分
☎ 01-53-41-89-00 開 聖堂6:30～22:30※宗教
行事中は入場不可、ドーム10:00～19:00（冬季
～17:00、夏季9:00～20:30ほか時期により変動
あり）、入場は閉館の30分前まで 休 無休
料 ドーム€8

E テルトル広場
Place du Tertre

「画家広場」と呼ばれ、有料で
似顔絵描きをしてくれる画家
が大勢集まる。似顔絵を描い
てもらう場合は最初に値段交
渉を忘れずに。

MAP 付録P.20 E-2

㎡ Place du Tertre, 18ᵉ
交 M12号線Abbessesアベス駅
から徒歩7分

絵を売る屋台がたくさん並ぶ。将来の大芸術家
の作品と出会える可能性も

F ジュテームの壁
Le Mur des je t'aime

300の言語で愛の言葉を書
いた作品。アベス駅そばのジ
ャン・リクチュス小公園にある。

人気の撮影地

MAP 付録P.20 D-3

㎡ Sq. Jehan-Rictus, 18ᵉ 交 M12号線Abbesses
アベス駅から徒歩1分 開 8:00（土・日曜9:00）～
時期により17:30～21:30閉園 休 無休 料 無料

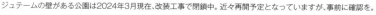

ジュテームの壁がある公園は2024年3月現在、改装工事で閉鎖中。近々再開予定となっていますが、事前に確認を。

定番をもっと楽しむパリさんぽ／モンマルトルさんぽ

セーヌ左岸のサン・ジェルマン・デ・プレは お買いものにうってつけです

"エレガンス"という言葉が似合う左岸の中心地。
右岸の華やかさとうって変わって、落ち着いた雰囲気が魅力です。
点在するおしゃれなお店をのんびりとまわりましょう。

ここがサン・ジェルマン
大通りです

セーヌ左岸で最も賑やかなエリアでショップ・クルーズ

全体的に洗練され落ち着いた雰囲気のエリア。老舗カフェや教会に
まざり旬のお店もあちこちにあり、見どころはたくさん。サン・ジェル
マン大通りから1本入った道にも、質の高いショップが多い。

A ボーパッサージュ
Beaupassage

ヤニック・アレノのハンバーガー
店、ピエール・エルメのカフェ、ティ
エリー・マルクスのブーランジェリ
ーなど、有名シェフたちのお店が
集うグルメなパッサージュ。

MAP 付録P.19 A-2

所 53-57 Rue de Grenelle, 7e（Rue
du BacとBd. Raspailにも入口あり）
交 M12号線Rue du Bacリュ・デュ・バ
ック駅から徒歩2分 営 7:00〜翌0:00
（店舗により異なる）休 無休

1万㎡の広々とし
た空間にある

ピエール・エルメのサロ
ン・ド・テ

「ペール・
エ・フィス・
バール・
アレノ」の
バーガー
©GeraldineMartens

星付きシェフのブ
ーランジェリー

B リトル・ブレッツ
Little Breizh

ブルターニュ出身の姉弟が幼
い頃に食べたおばあちゃんの
クレープを再現。食材はブル
ターニュから仕入れている。

MAP 付録P.18 F-2

所 11 Rue Grégoire de Tours, 6e
交 M4・10号線Odéonオデオン駅
から徒歩3分 ☎ 01-43-54-60-74
営 12:00〜14:30（土曜11:45〜）、
19:00〜22:30 休 日・月曜、1月中
旬に1週間、8月に3週間 料 €13
前後〜

平日はガレット＋クレープ＋ドリ
ンクで€13.90のランチセットも

人気はキャラ
メルソースの
テディ・ブレ
ッツ€14.90

C ル・ボン・マルシェ
Le Bon Marché

1852年創業の老舗デパート。エ
レガントな雰囲気と上品な商品セ
レクトでパリのマダムたちに支持
されている。ラ・グランド・エピスリ
ー（食品館）はおみ
やげ探しにぴったり。

世界最古の歴
史あるデパート

MAP 付録P.19 A-3

所 24-38 Rue de Sèvres, 7e 交 M10・12号線Sèvres Babyloneセ
ーヴル・バビロヌ駅から徒歩1分 ☎ 01-44-39-80-00（本館）
営 10:00〜19:45（日曜11:00〜）、食品館8:30〜21:00（日曜10:00〜
20:00）休 無休

サン・ジェルマン・デ・プレのスイーツ通り
ボーパッサージュの入口があるバック通り周辺は、ジャック・ジュナン、メゾン・フィリップ・コンティチーニ ➡ P.74 など有名スイーツ店がいくつもあります。

D サン・ジェルマン・デ・プレ教会
Église Saint-Germain-des-Prés

パリ最古のロマネスク教会でこの地区のシンボル的存在。19世紀までに何度も修復されたが、部分的に11世紀に建築された当時の壁も残る。

日曜には結婚式が行なわれていることもある

MAP 付録P.18 D-2

所 3 Pl. St-Germain-des-Prés, 6ᵉ 交 M4号線St-Germain-des-Présサン・ジェルマン・デ・プレ駅から徒歩1分 ☎ 01-55-42-81-18 開 8:30〜20:00（日・月曜9:30〜）※宗教行事中は入場不可 休 無休 料 無料

E フラマン
Flamant

元サン・ジェルマン修道院跡に構えるベルギー発のインテリアショップ。ヨーロッパの伝統スタイルを重んじたデザインに定評がある。

上品な色合いが美しいインテリアコーディネート

MAP 付録P.18 E-2

所 8 Pl. Furstenberg, 8 Rue de l'Abbaye, 6ᵉ 交 M4号線St-Germain-des-Présサン・ジェルマン・デ・プレ駅から徒歩2分 ☎ 01-56-81-12-40 営 10:30〜19:00 休 無休

鮮やかなティーライトホルダー€19.95

F サン・シュルピス教会
Église Saint-Sulpice

ドラクロワの壁画があることで有名な17世紀建造の教会。小説『ダ・ヴィンチ・コード』で一躍有名に。世界有数規模のパイプオルガンも必見。

MAP 付録P.18 E-3

所 Pl. St-Sulpice, 6ᵉ 交 M4号線St-Sulpiceサン・シュルピス駅から徒歩4分 ☎ 01-46-33-21-78 開 8:00〜19:45 休 無休 料 無料

洗練された街並みでさんぽもルンルン♪

設計上はまだ建設途中。未完成部分を探してみよう

サービングトレイ€39.95

モダンな柄のウッドボウル€32.95

ル・ボン・マルシェの近くには、幸運を呼ぶメダルで有名な奇跡のメダイユ礼拝堂 **MAP** 付録P.19 A-4 があります。

定番をもっと楽しむパリさんぽ／サン・ジェルマン・デ・プレさんぽ

活気あふれるカルチェ・ラタンを学生気分でおさんぽしましょう

カルチェ・ラタンと呼ばれるセーヌ左岸の5・6区は、
名門ソルボンヌなどが集まる昔からの学生街。
文化の香りを感じながら、おさんぽしてみませんか。

> 歴史と文化を感じる文教地区
> 古きよきパリの風景が楽しめます
>
> かつてラテン語で講義が行なわれていたことに由来するカルチェ・ラタンは、古くからの文教地区。学生が集まる活気ある街並みの一方、歴史的な名所も点在しており、見応え十分。

Ⓜ クリュニー・ラ・ソルボンヌ
Cluny la Sorbonne

クリュニー中世美術館　Ⓜ モベール・ミュチュアリテ
Maubert Mutualité

ソルボンヌ・　・コレージュ・ド・フランス　P.121
パラディ・ラタン

ル・ボンボン・オ・パレ
Le Bonbon au Palais Ⓔ

Ⓑ ル・サロン・デュ・シネマ・デュ・パンテオン
Le Salon du Cinéma du Panthéon

カルディナル・ルモワヌ Ⓜ
Cardinal Lemoine

サンテティエンヌ・デュ・モン教会

Ⓡ リュクサンブール
Luxembourg

5区役所　Ⓐ パンテオン
Panthéon

リュテス闘技場

コントルカルプ広場

プラス・モンジュ
Place Monge Ⓜ

マルシェ・ムフタール Ⓒ
Marché Mouffetard

・ルシアン・エール広場

Ⓐ パンテオン　Panthéon

ルイ15世の病気回復を祝って再建されたネオ・クラシック様式の神殿。クリプト(地下聖堂)にはフランスの偉人たちが葬られている。

MAP 付録P.9 C-3

所Pl. du Panthéon, 5ᵉ 交Ⓜ10号線Maubert Mutualitéモベール・ミュチュアリテ駅から徒歩7分 ☎01-44-32-18-00 開10:00〜18:30(10〜3月〜18:00)、入場は閉館の45分前まで※ドーム見学は4〜10月のみ、公式サイトなどから日時予約推奨 休一部祝日 料€13(ドームは+€3.50、11〜3月の第1日曜無料)

壮大なドーム内を彩るフレスコ画

小高い丘に建つランドマーク

Ⓑ ル・サロン・デュ・シネマ・デュ・パンテオン
Le Salon du Cinéma du Panthéon

シネマ・デュ・パンテオンの2階にある隠れ家サロン。女優カトリーヌ・ドヌーヴらが内装を手がけた。ランチやスイーツも充実。

自家製ジンジャージュース

MAP 付録P.9 C-3

所13 Rue Victor Cousin, 5ᵉ 交Ⓜ10線Cluny-La Sorbonneクリュニー・ラ・ソルボンヌ駅から徒歩5分 ☎01-56-24-88-80 営12:30〜19:00(ランチ〜15:00) 休土・日曜、8月 料€17〜

ソファ席もありゆったりくつろげる

Ⓒ マルシェ・ムフタール
Marché Mouffetard

ムフタール通りの常設マルシェ。細い石畳の道に、青果店や精肉店、パン屋さんなどが連なる。月曜は閉まる店が多く、週末が最も賑わう。

MAP 付録P.8 D-4

所Rue Mouffetard, 5ᵉ 交Ⓜ7号線Censier Daubentonサンシエ・ドーバントン駅から徒歩2分 営店舗により異なる

午前中〜昼の時間がおすすめ

クリュニー中世美術館もおすすめ
ローマ時代の浴場跡に建てられた修道院長別宅を利用した中世美術館。2022年にリニューアルオープンしました。**MAP** 付録P.9 C-2

エリアのシンボル
パンテオン

異国情緒のある
スペイン・ムーア
様式の建物

シュリー・モルラン Ⓜ
Sully Morland
シュリー橋
バリー公園
トゥルネル橋
St-Germain
des Fossés St-Bernard
● アラブ世界研究所
野外彫刻美術館 ●
⊗ ソルボンヌ大学
セーヌ川 La Seine
Quai Henri IV
Quai St-Bernard
ケ・ド・ラ・ラペー Ⓜ
Quai de la Rapée
Ⓜ ジュシュー
Jussieu
R. Cuvier
R. Linné
動物園
オーステルリッツ橋
ヴァルユベール広場 ●
植物園 Ⓕ
Jardin des Plantes
温室庭園
R. Buffon
ラ・モスケ・ド・パリ
グランド・モスケ Ⓓ
Grande Mosquée de Paris
ガール・ドーステルリッツ Ⓜ Ⓡ
Gare d' Austerlitz
Daubenton

定番をもっと楽しむパリさんぽ／カルチェ・ラタンさんぽ

Ⓓ グランド・モスケ
Grande Mosquée de Paris

第一次世界大戦で戦死したイスラム圏出身兵士のため、1926年に建てられたモスク。カフェ（ラ・モスケ・ド・パリ）やハマムも併設する。

カフェでは甘いミントティー€2を

MAP 付録P.8 D-4

🏠 2 bis Pl. du Puits-de-l'Ermite, 5ᵉ 🚇 Ⓜ 7号線Place Mongeプラス・モンジュ駅から徒歩4分 ☎ 01-45-35-78-24 🕐 9:00〜18:00 🈂 金曜、イスラムの祝日 🈷 €3
◆ ラ・モスケ・ド・パリ La Mosquée de Paris
🏠 39 Rue Geoffroy St-Hilaire, 5ᵉ ☎ 01-43-31-38-20 🏠 サロン・ド・テ 9:00〜翌0:00（レストラン11:30〜）🈂 無休

Ⓔ ル・ボンボン・オ・パレ
Le Bonbon au Palais

伝統的なお菓子を扱うかわいらしいコンフィズリー。ギモーヴ（マシュマロ）やボンボン（キャンディ）、各地のお菓子などが量り売りで買える。

パッケージが素敵な板チョコ

MAP 付録P.8 D-3

🏠 19 Rue Monge, 5ᵉ
🚇 Ⓜ 10号線Cardinal Lemoineカルディナル・ルモワヌ駅から徒歩1分
☎ 01-78-56-15-72
🕐 10:30〜19:00
🈂 日・月曜

ガラス瓶に入ったお菓子が並ぶ

さまざまなフレーバーのギモーヴ
100g€5.50〜

Ⓕ 植物園
Jardin des Plantes

国立自然史博物館の敷地内にある広大な植物園。温室やバラ園、動物園などもあり見どころたっぷり。緑が美しい春や夏に訪れたい。

並木道や季節の花々が美しい

園内の博物館のひとつ、進化大陳列館は入場€13

MAP 付録P.8 E-4

🏠 57 Rue Cuvier, 5ᵉ 🚇 Ⓜ 5・10号線Gare d'Austerlitzガール・ドーステルリッツ駅から徒歩2分 ☎ 01-40-79-56-01 🕐 7:30〜20:00頃（冬季8:00〜17:30頃）🈂 無休 🈷 無料

「ソルボンヌ」はパリ大学の通称で、13世紀に設立されたソルボンヌ学寮に由来。現在は4つの大学が「ソルボンヌ」の名前を冠します。

ルーヴル美術館の絶対に見ておきたい作品をご紹介します

世界一との呼び声も高い美術の殿堂といえばルーヴル美術館。展示されている膨大な数の作品をすべて見るのは大変なのでぜひ見ておきたい名作やポイントを厳選してご紹介します。

※2024年夏まで閉室

> 入口は地下にありますが、まずはフランス式2階（日本式3階）からスタート

2階

北ヨーロッパ絵画（1350－1850年）
リシュリュー翼
シュリー翼
フランス絵画（1350－1650年）
フランス絵画（1650－1850年）

① ルーベンスのホール
La Galerie Médicis
17世紀のバロック時代を代表する画家兼外交官、ピーテル・パウル・ルーベンスによる、王妃マリー・ド・メディシスを描いた24枚の連作

② レースを編む女
⇒P.110

③ 大工の聖ヨセフ
Saint Joseph charpentier
ジョルジュ・ド・ラ・トゥール作／1642〜44年／ロウソクの炎で浮かび上がる幼いキリストと養父を神秘的に描いた作品

④ 浴槽のガブリエル・デストレとその妹 ⇒P.110

⑤ ポンパドゥール夫人の肖像画 ⇒P.110

⑥ トルコの浴場
Le bain turc
ドミニク・アングル作／1862年／新古典主義の技法で円形の画面に描かれた、アングル晩年の傑作

ルーヴルを効率よく鑑賞するには
随時展示されている3万5000点の作品をすべて見るには1週間必要とも。あらかじめお目当ての作品をリストアップしてから行きましょう。

ルーヴル美術館
Musée du Louvre

MAP 付録P.5 B-4　　ルーヴル美術館周辺

所Musée du Louvre, 1er 交M1・7号線Palais Royal Musée du Louvreパレ・ロワイヤル・ミュゼ・デュ・ルーヴル駅から徒歩3分 ☎01-40-20-53-17 開9:00〜18:00（水・金曜〜21:00)、入場は閉館の1時間前まで 休火曜、一部祝日 料€22（9〜6月の第1金曜18:00〜と7/14は無料 ※無料日は公式サイトで予約必須)

チケットは事前購入がおすすめ
当日券購入には長時間かかるので、公式サイトなどから事前日時予約＆チケット購入を強くおすすめします。パリ・ミュージアム・パス⇒P.9保有者も日時予約が必要です。

現地で購入する場合
ピラミッド地下の受付ホール（ナポレオンホール）にチケット売り場があります。

ピラミッド入口（メインの入口）
● チケットを持っていない人
● パリ・ミュージアム・パスを持っている人
● 時間指定チケットを持っている人

シュリー翼

リシュリュー翼

リヴォリ通り99番地
ピラミッド
逆さピラミッド
カルーゼル凱旋門横の入口
カルーゼル凱旋門

ドゥノン翼

館内へのアクセス方法は2つ

逆さピラミッド入口
● 時間指定チケットを持っている人
※アクセス方法としては3パターン
・カルーゼル凱旋門の横にある入口の階段を下りる
・地下鉄パレ・ロワイヤル・ミュゼ・デュ・ルーヴル駅から直結（ショッピングモールを通る）
・リヴォリ通り99番地の入口から地下に行くエスカレーターに乗る

ルーヴル美術館のひと休みカフェ

リシュリュー翼にル・カフェ・マルリー ➡P.37
とカフェ・リシュリュー・アンジェリーナ、
ドゥノン翼にカフェ・モリアンがあります。

⑦ ナポレオン1世の戴冠式
Sacre de l'empereur Napoléon 1er et couronnement
de l'impératrice Joséphine dans la cathédrale
Notre-Dame de Paris, le 2 décembre 1804.

ジャック=ルイ・ダヴィッド作／1806～07年／
ナポレオンがパリのノートル・ダム大聖堂で
皇帝として戴冠された直後に、皇后に冠を授
ける歴史的な場面を描いている

⑧ ナポレオン3世のアパルトマン
Appartements Napoléon III

ナポレオン3世時代
の室内装飾を当時
のまま保存している

⑨ 聖母の死
La Mort de la Vierge

カラヴァッジョ作／1601
～06年／宗教絵画だが、
主題となる神性は意図
的に排除されている

⑩ メデューズ号の筏
Le radeau de la Méduse

テオドール・ジェリコー作／1818～19
年／実際に起きた海難事故を題材
に、資料を綿密に調べ上げて写実的
に描写。ロマン派の代表作

リシュリュー翼
ヨーロッパ装飾美術（500～1850年）
シュリー翼

1階

⑧

フランス絵画
（1780～1850年）

スペイン絵画
（1400～1850年）

古代エジプト美術

⑩ ⑫ ⑭ ⑮
⑪ ⑬ ⑯

古代ギリシャ・ローマ美術
アポロンのギャラリー

イタリア絵画（1250～1800年）

ドゥノン翼

⑪ カナの婚礼
Les Noces de Cana

パオロ・カリアーリ（通称ヴェロネーゼ）
作／1562～63年／キリストの奇跡を
題材に、名士たちの宴会を表現

⑫ モナ・リザ
➡P.111

⑭ グランド・オダリスク
➡P.111

⑬ 聖母子と幼き
洗礼者聖ヨハネ
➡P.111

⑮ サモトラケのニケ
➡P.110

⑯ 岩窟の聖母
La Vierge, l'Enfant Jésus, saint Jean Baptiste et
un ange,dit La Vierge aux rochers

レオナルド・ダ・ヴィンチ作／1483～94年／ミラ
ノのサン・フランチェスコ・グランデ教会付属礼
拝堂の祭壇画として描かれた

0階

リシュリュー翼

フランス彫刻
（500～1850年）
⑰ 古代オリエント美術
シュリー翼

古代ローマ美術

ヨーロッパ彫刻
（1500～1850年）
⑱
古代エジプト美術

⑲ 古代ギリシャ美術

古代イタリア・
エトルリア美術

ドゥノン翼

⑱ 瀕死の奴隷
Esclave mourant

ミケランジェロ・ブオ
ナローティ作／1513
～15年／ローマ教皇
ユリウス2世の墓碑
を飾る群像として構
想された未完の作

⑰ ハムラビ法典
Code de Hammurabi

作者不詳／紀元前
1792～前1750年／
世界最古の法「目に
は目を、歯には歯を…」
を刻んだ石碑

⑲ ミロのヴィーナス ➡P.111

ガラスのピラミッド地下にある「ナポレオンホール」には、同美術館最大の書店＆おみやげショップがありますよ。➡P.129

定番をもっと楽しむパリさんぽ／ルーヴル美術館の作品をご紹介

時代を超えて輝く、ルーヴル美術館の女性たちに会いに行きませんか？

いつも人だかりの絶えない人気絵画のなかには、
時代を超えて愛される女性たちが大勢います。
いつまでも輝きを失わない美の競演の鑑賞はいかがですか？

サルバドール・ダリさんにも
絶賛されましたの

わたくし王を虜にして
国政を牛耳りましたのよ

ポンパドゥール夫人の肖像画
Portrait en pied de la marquise de Pompadour

モーリス・カンタン・ド・ラ・トゥール作／
1752〜55年／その美貌と才能により、
ルイ15世の公妾となり、政界にも権力を
およぼしたポンパドゥール夫人を描いた

レースを編む女
La Dentellière

ヨハネス・フェルメール作／
1669〜70年／
24×21cmとサイズは小ぶりながら、繊
細な情景描写が素晴らしい

2階から

1階へ

この絵はわたくしが王の子を懐妊
したことを示唆しているのよ

作者不詳／1575〜1600年／
アンリ4世の愛妾とその妹を描写。向かって
右の女性がガブリエル・デストレ

浴槽のガブリエル・デストレとその妹
Gabrielle d'Estrées et une de ses sœurs

顔はご想像におまかせします

"美人画" 鑑賞の楽しみ方

作品自体の美しさはもちろん、絵のなかには当時
流行った髪型や服装も描かれています。前髪を上
にあげてピンでとめる "ポンパドゥール" という
髪型は、ポンパドゥール夫人が始めたんです。

サモトラケのニケ
Victoire de Samothrace

作者不詳／紀元前200〜前175年／
1863年に発見された、サモトラケ島の
神殿に置かれた勝利の女神像

鑑賞前の予習がおすすめ

見たい作品をいくつかピックアップしたら、あらかじめ作者や
時代背景について調べておくと作品鑑賞がもっと楽しくなり
ます。館内の売店で先にガイド書を買うのもおすすめです。

聖母子と幼き洗礼者聖ヨハネ
La Vierge à l'Enfant avec le petit saint Jean Baptiste

ラファエロ・サンティ作／
1507〜08年／
イエスの受難を予告している
とされる。通称『美しき女庭
師』として名高い

左の子がイエスで、
右の子は洗礼者ヨハネです

実際よりも脊椎骨3つ分
体が長いっていわれますね

グランド・オダリスク
Une odalisque, dite La grande odalisque

ドミニク・アングル作／1814年／発表当時、
デフォルメした表現が批判されたが、曲線美
を強調した裸体表現はアングルの代表作
になった

1階から

0階へ

私、ルーヴルで一度だけ
型取りされたことがあるの

世界一有名な絵画は
まさしくわたくしね

モナ・リザ
Portrait de Lisa Gherardini,épouse de Francesco del Giocondo, dit La Joconde ou Monna Lisa

レオナルド・ダ・ヴィンチ作／
1503〜19年／
謎めいた微笑は
「左半分は悲しみ、右半分は
喜びを表している」とも

ミロのヴィーナス
Vénus de Milo

作者不詳／紀元前150〜前125年／
1820年にエーゲ海で発見された、
古代ギリシアの代表的な彫刻

定番をもっと楽しむパリさんぽ／時代を超えて輝くルーヴル美術館の女性たち

モナ・リザのモデルについては諸説ありますが、現在ではイタリア・フィレンツェの富豪、ゲラルディーニの妻リザといわれています。

オルセー美術館は色彩豊かな印象派作品の宝庫です

パリ万博のために建造された駅舎を利用した趣のある美術館。
特筆すべきは印象派を代表する巨匠たちの作品が多いことです。
5階（最上階）の印象派～新印象派ギャラリーをお見逃しなく。

✦ 0階（地上階）✦

② 泉
La Source
ドミニク・アングル作／
1820～56年／
優美な輪郭で女性の
肉体美を描いた

① 落穂拾い
Des glaneuses
ジャン・フランソワ・ミレー作／
1857年／
収穫後の麦の穂を拾い集め
る貧しい農民の姿を描いたミ
レーの代表作

③ オランピア
Olympia
エドゥアール・マネ作／
1863年／
大胆な構図と高級娼婦
という題材で当時は非
難の的になった作品

✦ 2階（中階）✦

④ 地獄の門
Porte de l'Enfer
オーギュスト・ロダン作／
1880～1917年／
『考える人』など、独立し
た作品の集合体。生命
感と感情表現をこの作
品に吹き込んだ

⑥ ムーラン・ド・ラ・ギャレットの舞踏会
Bal du moulin de la Galettre
ピエール・オーギュスト・ルノワール作／1876年／
豊かな色彩で庶民の舞踏会を描いた傑作
※2024年3月現在、0階臨時展示室に展示

✦ 5階（最上階）✦

⑤ 草上の昼食
Le Déjeuner sur l'herbe
エドゥアール・マネ作／1863年／
日常生活のなかに描かれた裸婦が、不道徳だ
として当時の画壇の不評を買った

**⑦ ル・ペルティエ街の
オペラ座の稽古場**
Le Foyer de la danse à l'Opéra
de la rue Le Peletier
エドガー・ドガ作／1872年／
踊り子を数多く描いたドガの代
表的な作品のひとつ

オルセー美術館 Musée d'Orsay

MAP 付録P.6 F-4　　　　サン・ジェルマン・デ・プレ

🏠Esplanade Valéry Gis
card d'Estaing, 7ᵉ Ⓧ RER C
線Musée d'Orsayミュゼ・ド
ルセー駅から徒歩1分／Ⓜ
12号線Solférinoソルフェリ
ノ駅から徒歩5分
📞01-40-49-48-14 🕘9:30
～18:00（入場は17:00まで）、木曜～21:45（入場は21:00まで）🈺月曜、一部祝日 🈯€14（オンライン€16）、木曜18:00
～€10（オンライン€12）、第1日曜無料※公式サイトなどから事前日時予約＆チケット購入推奨、無料日は予約必須

0階（日本式1階／地上階）

大時計にも注目です

オルセー駅舎は国立美術学校の講師だったヴィクトル・ラルーが設計。入口の上部中央にある金色の大時計は当時からオルセー名物です。

⑩ カード遊びをする人々
Les Joueurs de cartes

ポール・セザンヌ作／1890〜95年／トランプ遊びをする男たちの沈黙な表情を描き上げた作品。農夫がモデルを務めたという

⑪ ゴッホ自画像
Portrait de l'artiste

フィンセント・ファン・ゴッホ作／1889年／40点ほどの自画像を残したゴッホ。最後は精神病と闘い、強烈なタッチと色で自己表現した

⑨ 日傘の女（左向き）
Femme à l'ombrelle tournée vers la gauche

クロード・モネ作／1886年／モネが妻と息子を描いた『散歩、日傘をさす女性』の約10年後に描かれた同じ構図の作品。右向きバージョンも描いている

⑫ オヴェールの教会
L'église d'Auvers-sur-Oise, vue du chevet

フィンセント・ファン・ゴッホ作／1890年／印象派から出発し独自の画風へと到達した最晩年の作品

⑧ 陽光のなかの裸婦（エチュード：トルソ、光の効果）
Etude. Torse, effet de soleil

ピエール・オーギュスト・ルノワール作／1876年頃／多彩な光の表現が見られる、屋外での裸婦像。印象派の作品のなかでも名作として知られる

⑬ ヴァイルマティ
Vairumati

ポール・ゴーギャン作／1897年／ゴーギャンが二度目のタヒチ滞在時に描いた作品のひとつ。ヴァイルマティは、タヒチの神話に登場する伝説の女性

2階（日本式3階／中階）

改装中		祝宴の間		象徴主義など	パヴィヨンアモン		
					アールヌーヴォー		
⑪ ル・レストランミュゼ・ドルセー	1880−1900年の彫刻テラス				テラスロダン ❹		
	吹き抜け						
	1880−1910年の彫刻テラス				マックス＆ロジカガノヴィッチコレクション		
	ナビ派						

5階（日本式6階／最上階）

	大時計	サマーテラス（改装中）		大時計
ポスト印象派	カフェカンパナ	⑫ ⑪ ⑩ ⑫ 印象派から新印象派まで ⑨⑧⑦ ⑥ ⑤		
		吹き抜け		
	⑬			

美術館入口（フロア0階参照）：A1＝特別優先、A2＝チケット保有者、C1＝パス保有者、C2＝チケットなし（当日券購入）です。

定番をもっと楽しむパリさんぽ／オルセー美術館は印象派作品の宝庫

113

こちらの美術館も人気です
世界的に有名なアートの殿堂

「芸術の都」と呼ばれるパリには、
ルーヴル美術館やオルセー美術館以外にも
アートを堪能できる美術館がいくつもあります。

1自然光が差し込む展示室では時間帯や天気によって睡蓮の見え方が変化する **2**部屋をぐるりと囲むように配置された作品をじっくり鑑賞しよう

別名「モネ美術館」で睡蓮の世界にひたる

オランジュリー美術館
Musée de l'Orangerie

モネの晩年の大連作『睡蓮』の部屋があることで有名。自然光で見せることにこだわった展示室で作品を鑑賞できる。地下には印象派からセザンヌ、マティス、エコール・ド・パリまで、19〜20世紀を代表する画家の名画が揃い、必見。

MAP 付録P.6 F-3　　　　　ルーヴル美術館周辺

🏠 Jardin des Tuileries, 1er 🚇 M1・8・12号線Concorde コンコルド駅から徒歩5分 ☎ 01-44-77-80-07 🕐 9:00〜18:00（入場は17:15まで）※企画展開催中の金曜〜21:00 休 火曜、一部祝日 料 €12.50（第1日曜無料※無料日は公式サイトで予約必須）

✦ 0階（日本式1階）✦

0階には2つの展示室があり、各4枚ずつ、計8枚の『睡蓮』が展示されている。モネの『睡蓮』のために用意されたフロア

チケット売り場

「緑の反映」「雲」「朝」「日没」を展示
「二本の柳」「柳のある朝」「明るい朝」「木々の反映」を展示

入口　プチロトンド　第1の間　第2の間

睡蓮の間

┌─────────────────────────────┐
│ **お役立ちインフォメーション** │
└─────────────────────────────┘

ハイシーズンは混雑するので公式サイトなどから事前日時予約＆チケット購入がおすすめです。また、パリ・ミュージアム・パス ➡ P.9 保有者も公式サイトで日時予約が必要です。

✦ −2階（地下2階）✦

画商ポール・ギヨームの収集作品を中心とした、ヴァルテール＝ギヨームコレクションを常設展示している。

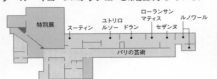

特別展　スーティン　ユトリロ　ルソー　ドラン　ローランサン　マティス　セザンヌ　ルノワール

パリの芸術

モディリアーニ作『ポール・ギヨームの肖像』はコレクションの持ち主を描いた美術館の象徴的な作品

ルノワール作『ピアノに向かう少女たち』など傑作が多数集まる。地下のコレクションも見逃せない

もう1つの近代美術館もおすすめ
「パレ・ド・トーキョー」の東翼棟にある市立近代美術館 MAP 付録P.7 B-3 は、1920年代から現代までの芸術家の作品が揃っています。

斬新な建築デザインの複合施設
ポンピドゥー・センター
Centre Pompidou

建築家レンゾ・ピアノらが設計した地上6階・地下1階建ての総合現代芸術センター。なかには国立近代美術館、映画館、図書館などが入る。※建物全体の改装工事のため2025年夏から全館休館、工事期間は5年の予定。

1 1977年オープン当時は奇抜すぎる外観に賛否両論あったが、今ではマレ地区のシンボル的な存在に **2** 展望台は無料。眺めを楽しもう

MAP 付録P.15 A-1　　　　マレ

🏠 Pl. Georges Pompidou, 4ᵉ Ⓜ11号線Rambuteauランビュトー駅から徒歩1分 ☎ 01-44-78-12-33 🕐 施設により異なる 休 火曜、一部祝日 料 入場無料

国立近代美術館　センター内にある近現代美術の大規模美術館

3 4 4・5階が常設展、6階で企画展を行う。約12万点を誇る膨大な所蔵品の中から常時約1400点を展示

国立近代美術館 Musée National d'Art Moderne

🕐 11:00〜21:00(木曜は企画展のみ〜23:00)、入場は閉館の1時間前まで 休 火曜、一部祝日 料 €15(第1日曜無料)※日時予約推奨(無料日同様)※2025年初頭から段階的な閉鎖開始予定

中世から現代までの装飾デザインが集結
装飾芸術美術館
Musée des Arts Décoratifs

生活の中の装飾品を時代ごとに展示。モード・テキスタイルなどの企画展も人気。

MAP 付録P.5 A-3　　ルーヴル美術館周辺

1 吹き抜けのホールを囲んで展示室が並ぶ **2** ルーヴル美術館のあるルーヴル宮の一角にある

©MAD, Paris - La Nef /Philippe Chancel

©MAD, Paris – Photo Laszlo Horvath

🏠 107 Rue de Rivoli, 1ᵉʳ Ⓜ 1・7号線Palais-RoyalMusée du Louvreパレ・ロワイヤル・ミュゼ・デュ・ルーヴル駅から徒歩2分 ☎ 01-44-55-57-50 🕐 11:00〜18:00(企画展ごとに曜日により延長あり)、入場は閉館の45分前まで 休 月曜、一部祝日 料 €15 ※土・日曜は日時予約推奨

展示のほか建物や庭園にも注目
ケ・ブランリー・ジャック・シラク美術館
Musée du Quai Branly-Jacques Chirac

アフリカ、アジア、オセアニア、アメリカ大陸の少数民族の固有の文化文明がテーマ。

MAP 付録P.7 B-4　エッフェル塔周辺

🏠 37 Quai Jacques Chirac, 7ᵉ Ⓜ9号線Alma Marceauアルマ・マルソー駅から徒歩8分 ☎ 01-56-61-70-00 🕐 10:30〜19:00(木曜〜22:00)、入場は閉館の1時間前まで 休 月曜、一部祝日 料 €14(第1日曜無料※予約必須)

1 巨大で斬新な建築デザインはジャン・ヌーヴェルによるもの **2** 常時3500点ほどを展示。美術館名は民族芸術に造詣が深かった大統領が由来

©musée du quai Branly-Jacques Chirac, photo Vincent Mercier

©musée du quai Branly-Jacques Chirac, photo Léo Delafontaine

オランジュリー美術館所蔵のルノワール、セザンヌ作品の多くが、2024年3月時点で貸し出し中です。

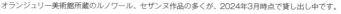

定番をもっと楽しむパリさんぽ／世界的に有名なアートの殿堂

魅力的なパリの邸宅美術館で
アートなひとときを楽しみましょう

パリに多数ある邸宅美術館は
展示物である作品はもちろんのこと、
その建物や庭園も訪れる人を楽しませてくれますよ。

1 ロダンは亡くなるまでの9年間をこの「ビロン館」で過ごした **2** 16の部屋に年代別に作品が展示されている

美しい建物・庭園で
代表作を鑑賞

ロダン美術館
Musée Rodin

ロダンの作品や彼のコレクションを所蔵。作品を国へ寄贈することを条件に、ロダンが美術館化を願い出た18世紀建築の邸宅も見どころ。

MAP 付録P.10 E-1　アンヴァリッド周辺

所 77 Rue de Varenne, 7e 交 M 13号線 Varenneヴァレンヌ駅から徒歩3分 電 01-44-18-61-10 時 10:00～18:30（入場は17:45まで）休 月曜、一部祝日 料 €14（10～3月の第1日曜無料）

3 『大聖堂』と名付けられた2つの右手が重なる作品は晩年の傑作 **4** 代表作の『考える人』

Photos: ©Agence photographique du musée Rodin・Jérome Manoukian

ここに注目
手入れの行き届いた広大な庭園に設置された作品もお見逃しなく。

国内でも最大規模の
コレクション

ピカソ美術館
Musée Picasso Paris

パブロ・ピカソの作品を所蔵する国立美術館。収蔵作品が5000点ほどと膨大なコレクションを誇る。

MAP 付録P.14 D-1　マレ

所 5 Rue de Thorigny, 3e 交 M 8号線Saint-Sébastien-Froissart サン・セバスチャン・フロワッサール駅から徒歩7分 電 01-85-56-00-36 時 9:30～18:00（第1水曜～22:00）、入場は閉館の45分前まで 休 月曜、一部祝日 料 €16（第1日曜無料）

ここに注目
建物はオテル・サレ（塩の館）と呼ばれる17世紀の代表的な邸宅です。

ピカソが収集したセザンヌやブラックなどの作品も所蔵している

©Musée national Picasso-Paris, Voyez-Vous, Chloé Vollmer-Lo

©Christian Baraja SLB

蒐集家のポール・マルモッタンのコレクションからスタートした

ここに注目
印象派の名の由来になった『印象・日の出』は必見（2025年1月まで貸出予定）。

世界最大級の
モネ・コレクション

マルモッタン・モネ
美術館
Musée Marmottan Monet

モネの『睡蓮』など代表作を数多く所蔵することで名高い。ルノワールやドガなどの作品も多数所蔵。

MAP 付録P.3 B-3　市街西部

所 2 Rue Louis-Boilly, 16e 交 M 9号線La Muetteラ・ミュエット駅から徒歩7分 電 01-44-96-50-33 時 10:00～18:00（木曜～21:00）、入場は閉館の1時間前まで 休 月曜、一部祝日 料 €14（オンライン€14.50）※日時予約推奨

ほかにもあります邸宅美術館
ルノワールやユトリロが住んだ17世紀の邸宅を利用した
モンマルトル美術館 → P.102 や、螺旋階段が印象的なギュス
ターヴ・モロー美術館 MAP 付録P.5 B-1 もおすすめです。

画家の住居兼アトリエの小美術館を訪ねて
国立ドラクロワ美術館
Musée National Eugène Delacroix

1863年に没するまでの6年間を過ごした館が記念美術館に。作品やデッサンのほか個人的な手紙なども展示され、生前の日々がうかがえる。

ここに注目
画家自身の所蔵作品や、彼を敬愛する画家の作品も見ることができます。

サロンやアトリエを公開。2024年3月に改装オープン

MAP 付録P.18 E-2　　　サン・ジェルマン・デ・プレ

🏠 6 Rue de Furstemberg, 6ᵉ 🚇 M4号線Saint-Germain-des-Présサン・ジェルマン・デ・プレ駅から徒歩3分 ☎ 01-44-41-86-50 🕐 9:30〜17:30（第1木曜〜21:00）、入場は閉館の15分前まで 🈳 火曜、一部祝日 💰 €9（第1日曜、7/14無料）※日時予約推奨

©Antoine Mercusot
1866年にパリ市が邸宅を買い上げパリの歴史を伝える施設に

歴史あるマレ地区にあるパリ市の歴史博物館
カルナヴァレ美術館
Musée Carnavalet-Histoire de Paris

1880年に開館したパリで最も古い美術館。先史時代から現在までのパリのさまざまな作品を時代ごとに展示。アルフォンス・ミュシャの店内装飾なども見られる。

MAP 付録P.14 D-2　　　マレ

🏠 23 Rue de Sévigné, 3ᵉ 🚇 1号線Saint-Paulサン・ポール駅から徒歩5分 🕐 10:00〜18:00（入場は17:15まで）🈳 月曜、一部祝日 💰 無料（企画展は有料 ※日時予約推奨）

ここに注目
入口を入ってすぐのパリの街並みをイメージした展示品にご注目。

ロマン派が集った静かな邸宅
ロマン派美術館
Musée de la Vie Romantique

ロマン派の画家アリ・シェフェールが暮らした邸宅。1983年に遺族によって寄付され、美術館として公開されるように。ジョルジュ・サンドなどの作品も展示。

MAP 付録P.2 D-2　　　モンマルトル

🏠 16 Rue Chaptal, 9ᵉ 🚇 M2・12号線Pigalleピガール駅から徒歩6分 ☎ 01-55-31-95-67 🕐 10:00〜18:00（入場は17:45まで）🈳 月曜、一部祝日 💰 無料（企画展は有料※日時予約推奨）

ここに注目
ロマン派の巨匠ドラクロワやジョルジュ・サンドら文化人が集いました。

©Pierre Antoine

かわいらしいファサードの建物や花々が咲く庭園も人気

彫刻家の住まいとアトリエを公開
ブールデル美術館
Musée Bourdelle

ヨーロッパ屈指の彫刻家アントワーヌ・ブールデルが長年暮らしアトリエとして使っていた家と作品を妻がパリ市に寄贈、邸宅美術館に。

MAP 付録P.10 E-4　　モンパルナス

🏠 18 Rue Antoine Bourdelle, 15ᵉ 🚇 M12号線Falguièreファルギエール駅から徒歩5分 ☎ 01-49-54-73-73 🕐 10:00〜18:00（入場は17:40まで）🈳 月曜、一部祝日 💰 無料（企画展により有料）

©muséeBourdelle-ParisMusées
2023年に改装オープンし、より展示が見やすくなったと好評

ここに注目
緑が生い茂る庭にも作品が。隠れ家的な雰囲気が人気です。

ロダン美術館の庭園はバラが美しいことでも有名。バラが咲く5〜6月にパリへ旅行するならぜひ訪れてみましょう。

定番をもっと楽しむパリさんぽ／魅力的なパリの邸宅美術館

絵画の巨匠たちってどんな人だったか ちょっと興味ありませんか？

近世以降、多くの芸術家が集まったフランス・パリ。
時代を超えて愛される名作を生んだ巨匠たちの
軌跡をたどって、絵画鑑賞をより深く楽しみましょう。

クロード・モネ
Claude Monet（1840 ～ 1926）

20歳頃よりパリで画家とし
て活動を始める。ピサロやル
ノワールと交流を深めたあ
と、渡英。ターナーやコンス
タブルらの影響を受けて帰
国し、印象派の流れを生んだ
『印象-日の出』を制作。大作
『睡蓮』は晩年のもの。

よくルノワールが
遊びに来たものさ

『睡蓮』は、1897年から亡くなる
1926年までの間に、全部で200
点以上制作されている

パリで
見られる
作品例
　『日傘の女（左向き）』　　➡P.113
　『睡蓮（連作）』　　　　　➡P.114

フィンセント・ヴァン・ゴッホ
Vincent van Gogh（1853 ～ 1890）

実は画家歴は
10年ほどなんです

オランダに生まれ、画商、伝道師などの職業を試み
たあと、不安定な内面世界と宗教的感情を絵画に託
そうと画家を志す。彼が画家として活動したのは晩
年の10年ほど。精神
を病みながらも描き
続けた絵からは、生
命がほとばしるよう。

生前に売れた絵は『赤い葡萄
畑』の1枚のみとか。弟テオの援
助でなんとか生活していた

パリで
見られる
作品例
　『ゴッホ自画像』　　　　➡P.113
　『オヴェールの教会』　　➡P.113

これだけは知っておきたい
絵画様式解説

ひと口に絵画といっても、それぞれの時代背景や画家たちの情熱によってさ
まざまな手法が生み出されました。ここではその中でも大きな潮流となった絵
画様式をクローズアップ。絵画鑑賞のお供にすれば新たな発見があるかも。

ルネッサンス
14 ～ 16世紀にイタリアを中
心に興った古典文化・芸術
の復興運動。レオナルド・ダ・
ヴィンチ、ラファエロほか

バロック
調和を重んじるルネッサン
スに対し、劇的で過剰な表
現性が特徴。ルーベンス、レ
ンブラントほか

古典主義
古代ギリシア・ローマ文化
の影響を受け、輪郭や肉付
きなど明確な表現を重視。
ラ・トゥールほか

ロココ
18世紀のフランスを中心に
流行。女性的な優美で繊細
なタッチが強調される。ヴァ
トー、フラゴナールほか

新古典主義
形式的な美や写実性を重ん
じ、古典主義を当時の解釈
で推し進めた。ダヴィッド、ア
ングルほか

ロマン主義
新古典主義への反動から、
ダイナミックで動的な構図
や強烈な色彩が用いられ
た。ドラクロワほか

印象派
19世紀後半、パリで発生。対
象の写実的な描写を避け、目
に映った印象をそのまま表
現した。モネ、ルノワールほか

ポスト印象派
印象派や新印象派に属さ
ず、後世に多大な影響をおよ
ぼした画家を指す呼称。セ
ザンヌ、ゴッホほか

パリゆかりの画家はたくさんいます

『踊るジャンヌ・アヴリル』のアンリ・ド・トゥールーズ＝ロートレックや、『落穂拾い』のジャン・フランソワ・ミレー、パブロ・ピカソなども、パリにゆかりある芸術家です。

ピエール・オーギュスト・ルノワール
Pierre Auguste Renoir（1841 ～ 1919）

20歳頃より画塾に通いモネやシスレーらと出会う。子どもや女性など人間の変化に魅せられ、パリの中流階級の娯楽など余裕のある人々を描いた。また、数回印象派展に作品を出展するも、後に印象派を離れ、独自の世界を展開する。

ルノワールの描いた作品からは、当時の一般市民の間で流行った髪形や服装がよく見てとれる

私、パリ育ちのシティ・ボーイです

ポール・セザンヌ
Paul Cézanne（1839 ～ 1906）

南仏エクス・アン・プロヴァンスの裕福な家庭に生まれたが、22歳で画家を志しパリへ。当初はロマン主義的な主題を描くも、ピサロの影響を受け、印象派の方向へ。その後はそれからも離れ生涯独自の作風の完成に励んだ。

繊細なほうで人付き合いが苦手でした

ユーロ導入前の最後の100フランス・フラン紙幣には、セザンヌの肖像と彼の作品が描かれていた

パリで見られる作品例
『ムーラン・ド・ラ・ギャレットの舞踏会』 ⇒P.112
『陽光のなかの裸婦』 ⇒P.113

パリで見られる作品例
『カード遊びをする人々』 ⇒P.113

あの人はいつの時代の人？

主要画家年表

巨匠と呼ばれる著名な画家たちが生きた時代は以下のとおり。彼らが活躍した時代、そして各画家たちのリンクも一目瞭然です。左ページの絵画様式解説と照らし合わせて見れば、西洋美術史の流れも見えてきます。

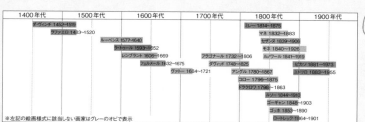

1400年代	1500年代	1600年代	1700年代	1800年代	1900年代
ダ・ヴィンチ 1452~1519					
ラファエロ 1483~1520					
	ルーベンス 1577~1640				
	ラトゥール 1593~1652				
	レンブラント 1606~1669				
	フェルメール 1632~1675				
		ヴァトー 1684~1721			
			フラゴナール 1732~1806		
			ダヴィッド 1748~1825		
			アングル 1780~1867		
			コロー 1796~1875		
			ドラクロワ 1798~1863		
				ミレー 1814~1875	
				マネ 1832~1883	
				セザンヌ 1839~1906	
				モネ 1840~1926	
				ルノワール 1841~1919	
				ピカソ 1881~1973	
				ユトリロ 1883~1955	
				ルソー 1844~1910	
				ゴーギャン 1848~1903	
				ゴッホ 1853~1890	
				ロートレック 1864~1901	

※左記の絵画様式に該当しない画家はグレーのオビで表示

1800年代はとくにパリに芸術家が集まりました

スペインの巨匠といわれるパブロ・ピカソは、実は成人になってからの生涯のほとんどをパリで過ごしていました。

一度は見てみたい芸術の殿堂
オペラ座の見どころをご紹介します

世界屈指のオペラやバレエが鑑賞できるパレ・ガルニエ、
通称オペラ座は、誰しもが一度は訪れてみたい憧れのスポット。
気軽に場内を見学できるツアーもおすすめです。

パリの芸術が集結した
音楽と舞踏の殿堂

オペラ座 (パレ・ガルニエ)
Opéra (Palais Garnier)

宮殿のような壮麗さのオペラ座
(パレ・ガルニエ)。15年もの歳月
をかけて完成した建物は、今なお
ネオ・バロック様式の傑作と称さ
れている。オペラ、バレエを中心
に年間を通してさまざまな演目を
見ることができる。

MAP 付録P.16 E-1

所 Pl. de l'Opéra, 9e
交 M3・7・8号線Opéraオペラ駅から徒
歩1分 ☎ 08-92-89-90-90、日本からは
01-71-25-24-23 営 窓口10:00～18:30
※見学については左下を参照
料 €15～260(演目と席種、公演日など
により異なる)

場内見学を
してみましょう

オペラやバレエを鑑賞する時間がな
くても、場内のさまざまなエリアを見
てまわることができます。華やかな
社交界の雰囲気を体感してみては？

営 見学10:00～17:00、入場は閉館の1時間
前まで 休 一部祝日、公演期間中など見学
不可日あり(公式サイトで確認可)
料 €15、ガイドツアー(英語あり)€23
※公式サイトなどから日時予約推奨

グラン・フォワイエ

大きなシャンデリアが下がる宮殿の
ような大広間。天井画は19世紀の画
家、ポール・ボードリーが手がけた

オペラ座の
見どころはココ

5層に分かれた馬蹄型の、華やか
でゴージャスな客席

グラン・エスカリエ

さまざまな色の大理石
やオニキスでできた中
央の大階段は豪華絢爛。
天井までの吹き抜けの
高さは30mもある

5番のボックス席

『オペラ座の怪人』の中
で怪人が常に指定席と
することを要求した5
番のボックス席にも注
目したい

華麗で優雅なナイトショーで夢のようなひとときを

日が暮れ始めたらパリの夜を彩るナイトショーへ。
美しいダンサーたちが舞う華やかな舞台はまるで夢のよう。
シャンパン片手に優雅なひとときを過ごしましょう。

パリの夜を照らす赤い風車
ムーラン・ルージュ
Moulin Rouge

ゴージャスなレビューを見にきてね！

1889年創業の歴史を感じさせる建物と巨大な赤い風車が目印。名物のフレンチ・カンカンをはじめ、総勢60名のダンサーが出演するダイナミックなショーを楽しめる。

©Sandie Bertrand · Moulin Rouge®
©Philippe Wojazer · Moulin Rouge®

MAP 付録P.21 B-3 🕐　　　モンマルトル

🏠82 Bd. de Clichy, 18e
🚇M2号線Blancheブランシュ駅から徒歩1分
📞01-53-09-82-82 🕐ディナーショー 19:00〜、ドリンクショー 21:00〜、23:00〜ほか 🈺無休
💴ドリンクショー€88〜、ディナーショー€225〜

パリ最古のキャバレー
パラディ・ラタン
Paradis Latin

1889年にギュスターブ・エッフェルにより再建された歴史ある劇場。近年は伝統と現代性を融合させたショーが評判に。ディナーメニューは3つ星シェフのギィ・サヴォワが監修する。

MAP 付録P.8 D-3 🕐　　カルチェ・ラタン

🏠28 Rue du Cardinal Lemoine, 5e 🚇M10号線Cardinal Lemoineカルディナル・ルモワヌ駅から徒歩2分
📞01-43-25-28-28 🈺ディナーショー 19:30〜、ドリンクショー 21:00〜ほかランチショーなどもあり 🈺火曜
💴ショーのみ€90〜、ドリンクショー€100〜、ディナーショー€175〜

Photos: ©Alix Malka

究極の女性美で魅せる
クレイジー・ホース
Crazy Horse

芸術的なヌードショーが人気のキャバレー。一糸まとわぬ女性の姿を美しく見せるショーは、同性もうっとりするほど。衣装から照明まで奇抜かつ現代的で、まるでファッションショーのような華やかさ。

MAP 付録P.7 C-3 🕐　　シャンゼリゼ大通り周辺

🏠12 Av. George V, 8e
🚇M9号線Alma Marceauアルマ・マルソー駅から徒歩2分
📞01-47-23-32-32 🕐ショー20:00〜、22:30〜（土曜19:00〜、21:30〜、23:45〜）🈺無休 💴ショーのみ€75〜、ドリンクショー€90〜、ディナーショー€185〜（食事は提携レストランでとる）

©Riccardo Tinelli@UndressToKill

©HetK_VictorPoint_CrazyHorse2021

ディナーショーは食事後に開演します（※クレイジー・ホースはショーの時間帯により異なる）。事前に公式サイトなどから予約を。

歴史を彩る舞台となった
ヴェルサイユ宮殿へようこそ

パリから少し足をのばしてヴェルサイユ宮殿へ。
宮廷文化の面影が残るきらびやかな世界に思わずうっとり。
王妃マリー・アントワネットの面影を探してみるのもおすすめです。

ぐるっと回って ——→ 120分

庭園内の移動は乗り物を利用

広大な敷地内の移動には乗り物が便利。プチ・トランやレンタサイクル、電動ミニカーなど種類も豊富なので目的に合わせて利用してみては。

おすすめの時間帯

Versailles

ヴェルサイユ宮殿 Château de Versailles

パリの南西約18kmのところにある宮殿と庭園は、ブルボン朝の絶対王政時代の栄華を伝える遺産として歴史的評価が高い。見学コースに沿って歩けば宮廷文化を堪能できる。

時間と料金

☎01-30-83-78-00 9:00～18:30(11～3月～17:30、離宮12:00～)、入場は開館の30分前まで 困月曜、公式行事日、一部祝日 料宮殿のみ€21、宮殿と離宮の共通パスポート€24(4～10月の庭園イベント開催日は€32)、11～3月の第1日曜無料 ※宮殿見学は公式サイトなどから要日時予約

パリからのアクセス

Invalidesアンヴァリッド駅などからRER C線終点Versailles Château Rive Gaucheヴェルサイユ・シャトー・リヴ・ゴーシュ駅まで約35分。宮殿まで徒歩約10分。またはⓂ9号線Pont de Sevresポン・ド・セーヴル駅前から171番のバスでChateau de Versaillesシャトー・ド・ヴェルサイユ下車、約30～40分。宮殿まで徒歩約5分

豪華絢爛な宮殿と庭園をひと目見ようと、年間800万人もの人が訪れる

１２宮殿前にはルイ14世おかかえの造園家ル・ノートルによって造られた、フランス式の広大な庭園が広がる

ヴェルサイユの 必見ポイントをご紹介します

① 王室礼拝堂
Chapelle Royale

〔ココに注目〕 オーストリアから輿入れした14歳のマリー・アントワネットとルイ16世の結婚式が行われた場所。また毎朝ここでミサが行なわれ、王族が参列しました

② ヘラクレスの間
Salon d'Hercule

〔ココに注目〕 ヘラクレスを描いた315㎡もの天井画は、フランソワ・ルモワーヌが3年を費やし完成させたもの。ヴェネツィア共和国からルイ14世に贈られたヴェロネーゼ作『シモン家の宴』も必見です

③ 戦争の間
Salon de la Guerre

〔ココに注目〕 大理石やブロンズを用いて、戦争の勝利と偉業を称える装飾がなされた部屋。ルイ14世が戦場で戦う姿を描いたコワズヴォー作のレリーフが目を引きます

④ 鏡の回廊
Galerie des Glaces

〔ココに注目〕 長さ73m、幅10.5m、高さ12.3mの庭園を正面に望む大広間で、宮殿めぐりのクライマックスといえる場所。マリー・アントワネットの婚礼舞踏会もここで行われました

⑥ 王妃の寝室
Chambre de la Reine

〔ココに注目〕 ルイ14世が王妃マリー・テレーズのために造り、最後にマリー・アントワネットが使用。この部屋の装飾はすべてマリー・アントワネット仕様のものです

⑤ 王の寝室 **Chambre du Roi**

〔ココに注目〕 宮殿の中心に位置し、起床や就寝の儀式が行われた王の寝室。豪奢な錦で装飾された部屋には、ルイ14世が自ら選んだ絵画のコレクションが飾られています
※2024年3月現在、改修のため見学不可

⑦ 大膳式の間 **Salon du Grand Couvert**

〔ココに注目〕 王と王妃が公式な食事会を催した場所。有名な肖像画『マリー・アントワネットとその子供たち』（ヴィジェ・ルブラン作）が飾られています

わたくしの愛した離宮へようこそ

疑似農村生活を楽しんだ王妃の村里も

宮殿見学のあとは離宮まで足をのばし、マリー・アントワネットが愛したプチ・トリアノンと、太陽王ルイ14世が過ごしたグラン・トリアノンをめぐりましょう

海に浮かぶ神秘の孤島、モン・サン・ミッシェルへ

西洋の神秘と呼ばれる世界遺産、モン・サン・ミッシェル。
幻想的なその景観は見るものを圧倒します。
見どころとなる修道院とその参道をメインに散策してみましょう。

ぐるっと回って ── 120分

観光のポイント
島の入口から頂上の修道院
入口までは徒歩15分程度。
修道院内の見学は1時間～1
時間30分が目安。グランド・
リュ散策も楽しみたい。

おすすめの時間帯

Mont St-Michel

モン・サン・ミッシェル Mont Saint-Michel

フランス随一の巡礼地として知られるモン・サン・ミッシェ
ル。起源は708年、大天使ミカエルのお告げを受けた聖オ
ベール司教がこの島に聖堂を建設したことに始まる。近
年、新たな橋が完成し、満潮時には島全体が海に囲まれる
かつての美しい姿が再び見られるようになった。

時間と料金（修道院）

☎02-33-89-80-00 ⏰9:30～18:00(5～8月9:00～19:00)、入場は閉館
の1時間前まで 困一部祝日 料€13(11～3月の第1日曜無料)

パリからのアクセス

パリのMontparnasseモンパルナス駅からTGVでRennesレンヌ駅まで
約1時間30分～2時間。レンヌ駅北口からモン・サン・ミッシェル行きの直通
バス「Keolis Armor」(keolis-armor.com)で約1時間10分 (片道€15)

まずは修道院への参道、グランド・リュを歩きましょう

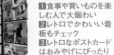

1 食事や買いものを楽
しむ人で大賑わい
2 レトロでかわいい看
板もチェック
3 レトロなポストカード
はおみやげにぴったり

名物オムレツの元祖、ラ・メール・プラール

石畳のグランド・リュの街並みは風情たっぷり

頂上にそびえる修道院。下から見上げると圧巻

百年戦争の時代に要塞化された島の城壁も見どころ

島へはシャトルバスや徒歩で橋を渡ってアクセスする

モン・サン・ミッシェルの
ハイライト修道院へ

回廊

13世紀に建てられたラ・メルヴェイユ棟の最上階にあり、修道院に暮らす僧たちの憩いと瞑想の場。中庭を取り囲むように円柱が並び、柱の上部には繊細な彫刻が施されている

Check
わずかにずれた2重の円柱は柱が延々と続くように見える効果が

修道院付属の教会

本堂北側は12世紀のロマネスク様式、内陣と後陣は15〜16世紀のゴシック様式とさまざまな建築様式が交ざっている

Check
教会は11世紀に完成、その後何度か崩壊し修復されています

騎士の間

2階にある僧たちの仕事部屋。ここで写本や彩色が行なわれた

Check
柱には「アカンサス」の装飾が施され、天井まで届く暖炉があります

食堂

ほのかに光が差し込む59もの小窓がある、神秘的な空間

Check
次の間への通路に聖オベール司教の彫刻があります

おすすめ立ち寄りスポットはこちらです

ラ・メール・プラール
La Mère Poulard

トリュフがのったぜいたくな一品も

グランド・リュの入口にあるホテル&レストラン。創業当時から変わらぬ手法で作るスフレ風のふわふわなオムレツは島の名物。

所Grande Rue 交島の入口すぐ 電02-33-89-68-68
営11:00〜16:00、18:30〜20:30 休無休 料オムレツ€39〜

ラ・ポルト・デュ・ロワ
La Porte du Roy

おみやげにゲランドの塩や地ビールはいかが？

食品から雑貨まで、さまざまな地元特産品が勢揃い。ノルマンディー一発のブランド、セント・ジェームスのアイテムも扱う。

所Grande Rue 交島の入口から徒歩1分 電02-33-89-01-90
営9:30〜18:30 休1月

パリ気分が盛り上がる
かわいいホテルで過ごしませんか？

パリに来たらぜひ滞在したいのが手頃でかわいいホテル。
クラシカルなインテリアや緑あふれる中庭など
おとぎの国に迷い込んだようなロマンチックな雰囲気が味わえます。

■パリのエスプリを感じるファブリックが魅力 ②中庭のテラス席 ③朝食をいただくサロンも素敵。平日のみお茶やアペロも楽しめ、宿泊客以外も利用できる ④ロビーのソファ。大きな鏡がインテリアに映える ⑤客室の椅子や床、壁のデコレーションと、細部にまでデザインセンスが光る ⑥各部屋にあるオリジナルの鉛筆とメモはホテルからの贈り物

花柄で華やかにデザインされたシャワーブース

洗練された雰囲気ながら居心地がよい

オテル・ビアンヴニュ
Hôtel Bienvenue

モード関連の常連客が多い、アール・デコ様式をベースとしたデザインホテル。シンプルながらも細部まで凝った客室のインテリアや南仏を思わせる中庭が居心地のよさを演出。

MAP 付録P.5 C-1　　　　　　オペラ周辺

所 23 Rue Buffault, 9ᵉ 交 M 7号線Cadetカデ駅から徒歩2分 ☎ 01-48-78-32-18
料 ⑤€210〜、⑪€260〜

ココが
POINT

ホテル内の調度品はモダンにアレンジされたアール・デコ調で揃えられている。客室のインテリアはそれぞれ異なるので、希望があれば予約時に伝えて。

Photos：©Hervé Goluza

ヨーロッパの田舎をイメージさせるかわいらしく温かみのある部屋

🚪1 門をくぐると緑豊かな庭が広がっている　2 希望すれば部屋で朝食をとる

ココが POINT
パリのホテルとしては客室が比較的広め。客室によってはパリでは珍しいウォシュレットもある。ランドリーサービスがあるのも便利。

🔑 素敵な中庭が迎えてくれる
オテル・デ・グラン・ゼコール
Hôtel des Grandes Écoles
家族経営のアットホームなもてなしが魅力のホテル。カルチェ・ラタン地区のパンテオンからほど近い静かな環境で、ゆったりとくつろげる。天気がよい日には陽のあたる中庭で過ごすのもおすすめ。

MAP 付録P.8 D-3　カルチェ・ラタン

所 75 Rue du Cardinal Lemoine, 5e
交 Ⓜ10号線Cardinal Lemoineカルディナル・ルモワヌ駅から徒歩3分
☎ 01-43-26-79-23
料 ⑤Ⓣ€170～

ココが POINT
広々とした中庭が特徴的な、パリにいながらのんびりとした雰囲気が味わえるホテル。暖かい日には中庭で朝食をとることも可能。

🔑 パステル色で夢のホテルを演出
ル・ラパン・ブラン
Le Lapin Blanc
名前が「白うさぎ」の、『不思議の国のアリス』をテーマにしたホテル。客室は白を基調としたパステルカラーのインテリアが上品で愛らしいと評判。観光施設に近い便利な立地も魅力。

MAP 付録P.9 C-3　カルチェ・ラタン

所 41 Bd. Saint-Michel, 5e
交 10号線Cluny-La Sorbonneクリュニー・ラ・ソルボンヌ駅から徒歩3分
☎ 01-53-10-27-77
料 ⑤€266～、Ⓦ€283～

1 清潔感のあるクラシック・ダブルルーム　2 アメニティがニュクスなのもうれしい　3 ホテルの扉を開けるとパステルカラーのアリスの世界が広がる。小さなロビーにはアリスの絵が飾られている

素敵なホテルがよりどりみどり
パリのホテルセレクション

手頃なお値段のホテルから、上品な雰囲気が魅力のホテル、
暮らすように過ごせるアパルトマンタイプまで、多彩なホテルをセレクト。
滞在目的や予算に合わせてチョイスしましょう。

ル・ルレ・サントノレ
Le Relais Saint-Honoré　　ルーヴル美術館周辺　**MAP** 付録P.16 E-4

17世紀の趣ある建物内にある、フランスの田舎風の内装が
かわいいプチホテル。ルーヴル美術館やオペラ座などの主
要観光施設に近い、観光に
便利な立地が大きな魅力
のひとつ。ホスピタリティ
ーにも定評がある。

⌂ 308 Rue Saint-Honoré, 1ᵉʳ
Ⓜ Ⓜ1号線Tuileriesチュイルリー
駅から徒歩2分
🕿 01-42-96-06-06
料 Ⓢ Ⓣ €300～

フォション・ロテル・パリ
Fauchon L'Hôtel Paris　　マドレーヌ寺院周辺　**MAP** 付録P.17 C-2

高級食品店フォションが2018年にオープンしたブラン
ド初のグルメホテル。客室にあるグルメバーには、無料でい
ただけるフォションのお
菓子などが用意されてい
る。1階にはカフェ&レス
トラン➡ P.100が入る。

⌂ 4 Bd. Malesherbes, 8ᵉ
Ⓜ Ⓜ8・12・14号線Madeleineマド
レーヌ駅から徒歩2分
🕿 01-87-86-28-00
料 Ⓢ Ⓣ €650～

オテル・ミレジム
Hôtel Millésime　　サン・ジェルマン・デ・プレ　**MAP** 付録P.18 E-1

歴史ある建物の一部を現代風にアレンジして2016年に改
装オープン。おしゃれで親しみやすいブティックホテルと
してサン・ジェルマン・デ・
プレ地区のなかでも人気
が高い。緑が生い茂る中庭
も居心地がいい。

⌂ 15 Rue Jacob, 6ᵉ
Ⓜ Ⓜ10号線Mabillonマビヨン駅
から徒歩4分
🕿 01-44-07-97-97
料 Ⓢ Ⓣ €360～

ル・プルミエ・エタージュ・オペラ・パリ
Le 1er Étage Opéra Paris　　オペラ周辺　**MAP** 付録P.5 A-1

「1階」というホテル名のとおり、アパルトマンの1階部分
（日本式の2階）の全6室がホテルとなっている、パリでは
珍しいニュータイプのホ
テル。テーマカラーで彩ら
れた各部屋は、自宅のよう
なくつろぎ感がある。

⌂ 21 Rue Joubert, 9ᵉ Ⓜ Ⓜ7・9号
線Chaussée d'Antin-La Fayette
ショセ・ダンタン・ラ・ファイエット
駅から徒歩3分 🕿 01-87-58-00-
51 料 Ⓢ Ⓣ €200～

オテル・ド・ジョボ
Hôtel de JOBO　　マレ　**MAP** 付録P.14 D-3

2016年にマレ地区にオープンしたデザインホテル。ナポ
レオン皇妃のジョゼフィーヌが好んだレオパール柄や黒鳥
など、当時は前衛的だった
モチーフを内装にあしら
い、個性派ホテルとして人
気を博している。

⌂ 10 Rue d'Ormesson, 4ᵉ
Ⓜ Ⓜ1号線St-Paulサン・ポール
駅から徒歩2分
🕿 01-48-04-70-48
料 Ⓢ €180～、Ⓣ €220～

アパートオテル・アダージョ・パリ・モンマルトル
Aparthôtel Adagio Paris Montmartre　　モンマルトル　**MAP** 付録P.20 F-4

大型ホテルチェーンとして信頼度の高いアコー系ホテルの
キチネットのある滞在型ホテル。モンマルトルのサクレ・ク
ール寺院のふもとという
立地条件や中庭のある環
境、モダンな内装からカッ
プルや家族連れに人気。

⌂ 10 Pl. Charles Dullin, 8ᵉ
Ⓜ Ⓜ2号線Anversアンヴェール
駅から徒歩3分
🕿 01-42-57-14-55
料 Ⓢ Ⓣ €137～

パリらしいグッズや限定品が揃う
デパート&ミュージアムショップ

パリの名所イラストのポストカード各€2を思い出に

ラファイエットコレクションのウォーターボトル€22

メトロの駅名のマグネット€5.90。いろいろな駅を揃えたい

フランスの人気者、星の王子さまのスノーボール€18.95

シャンパン&フランボワーズジャム€6.90も人気専門店➡P.62とのコラボ品

館内のフレスコ画のクジャクをプリントした優雅な手帳€12

パッケージが美しいケルゾン➡P.53とのコラボキャンドル€39

使い勝手のよいオリジナルのロゴ入りトートバッグ€25

定番のおみやげ雑貨が揃う
ギャラリー・ラファイエット・パリ・オスマン 6Fおみやげコーナー
Galerie Lafayette Paris Haussmann

パリらしい雑貨やファッション小物、美術館グッズなど、定番アイテムがひととおり揃う。おみやげに困ったら訪れて。

➡ P.61

センスあふれるグッズが多数
サマリテーヌ・パリ・ポン・ヌフ
ブティック・ド・ルル
Samaritaine Paris Pont-Neuf

サマリテーヌオリジナルグッズのほか、人気のジャムブランドやフレグランスブランドとコラボした限定グッズがおしゃれと評判。

➡ P.18

美術館グッズはこちらで

 ルーヴル美術館
Musée du Louvre
➡ P.108

有名絵画『民衆を導く自由の女神』のメガネケース€15.95

色遣いがきれいなゴッホの『星降る夜』のトート€24.95

B オルセー美術館
Musée d'Orsay
➡ P.112

ポーチの中にアイマスクが入ったトラベルキット€15

C オランジュリー美術館
Musée de l'Orangerie
➡ P.114

ポーチ€12.95は『睡蓮』の繊細な色合いが美しい

人気の『睡蓮』グッズのひとつ、ペーパーウェイト€15

モネの赤いひなげしがアクセントの扇子€7.50

まずはフランスの出入国について
おさえましょう

日本からフランスへの玄関口は、パリのシャルル・ド・ゴール国際空港。
出入国の手順を事前に把握しておけば、慌てることなく手続きできます。
空港への到着も早めを心がけ、楽しく余裕のある空の旅にしましょう。

1 到着 Arrival

空港に到着したら、飛行機から降りて到着フロアへ向かう。案内板に従って入国審査へ。パスポートの国籍などで列が分けられている。日本のパスポート保持者は出入国審査自動ゲートPARAFEを利用できる。

2 入国審査 Immigration

入国審査に必要な書類はパスポートだけだが、念のため帰りの航空券（eチケット控え）も用意を。有人審査の場合は滞在期間や目的について簡単な質問をされることもある。問題なければ審査終了。なお、シェンゲン協定国（下記参照）を経由した場合、その国で入国手続きをするため、フランスでの入国審査は行われない。

3 手荷物受け取り Baggage Claim

搭乗便名が掲示されたターンテーブルで荷物を受け取る。紛失や破損の際は、荷物引換証を係員に見せて対処してもらう。

4 税関 Customs

免税範囲内であれば申告は不要なので緑の表示の出口へ。申告が必要な場合は、赤い表示のカウンターで、持ち込む品物を申告する。肉・乳・卵製品は原則的に持ち込み禁止。果物・野菜・動植物も規制対象のものが多いので注意を。

5 到着ロビー Arrival Lobby

税関を抜けてゲートをくぐると到着ロビー。出口付近にはATMや案内所などのカウンターがあるので、ここで両替するのもよい。送迎がある場合は確認を。

◆ シェンゲン協定って？

ヨーロッパの多くの国が出入国手続きの簡素化のために締結した協定のことで、加盟国間の移動は国内移動と同様に扱われ、出入国審査も税関手続きもない。実施中は、フランス、ベルギー、ドイツ、オランダ、イタリア、スペイン、オーストリア、デンマーク、フィンランド、スイスなど29カ国。イギリスは非加盟（2024年3月現在）。

1 空港へ To Airport

フライトの2時間前くらいまでには出発フロアへ。とくに免税手続きをする場合は余裕をもって行こう。利用する航空会社のターミナルを確認しておこう。

2 チェックイン Check In

航空会社のカウンターや自動チェックイン機でパスポートと航空券（eチケット控え）を提出し、荷物引換証と搭乗券をもらう。日本出国時と同じように化粧水、ワイン、ソフトチーズ、クリーム類などの水分を含む荷物は機内持ち込みが制限されているので、ここで預ける。

3 出国審査 Immigration

パスポートと搭乗券を提示して、出国審査を受ける。パスポートに出国スタンプが押されることは少ない。

4 セキュリティチェック Security Check

手荷物のX線検査と検査ゲートによるボディチェックを受ける。

5 出発ロビー Departure Lobby

搭乗券に記載されている搭乗ゲートへ。空港は広くかなり歩く場合もあるので、移動時間にゆとりをもつように。各ターミナルには免税店があるので、余裕があれば最後の買いものや食事も楽しめる。

酒類	度数22%超1ℓまたは22%以下2ℓ、ワイン4ℓ、ビール16ℓ
たばこ	紙巻200本、小型葉巻100本または葉巻50本、その他250gのいずれか
その他の品物	合計€430（15歳未満は€150）相当額以下。陸路は€300
通貨	€1万相当額以上の現金や小切手などは出入国時に税関申告が必要

※酒、たばこ類の免税は17歳以上のみ

ETIAS（欧州渡航情報認証制度）が導入予定
2025年より、フランスを含むシェンゲン協定加盟国に旅行する
際は、オンラインでの事前の渡航申請と許可が必要になる予定
です。詳細は公式サイトで確認できます。URL etias-web.com

免税手続き

TVA（付加価値税）の払い戻しって？

フランスでは、商品に20%（一般）、2.1～10%（食品、書籍など）
のTVA（付加価値税）が課税されている。これはEU圏外からの
旅行者は本来払う必要がないため、条件を満たしている場合
は手続きをすれば免税額から手数料を引いた額が返金される。

条件（フランスの場合）

●16歳以上でEU圏外に住んでいる（滞在期間が6カ月未満）。
●1軒の店で1日に総額€100.01以上の買いものをした
（たばこ、医薬品、骨董品など対象外のものもある）。
●購入月の末日から3カ月以内に、購入者本人が商品を未使
用のままEU加盟国外へ持ち出すこと。

日本入国時の免税範囲

酒類	3本（1本760mℓ程度）
たばこ	紙巻200本、葉巻50本、加熱式は個装等10個、その他250gのいずれか。2種類以上の場合は総重量250gまで
香水	2オンス（1オンス＝約28mℓ）※オー・デ・コロン、オー・ド・トワレットは除外
同一品目	海外市価の合計金額が1万円以下の品物すべて
その他	海外市価の合計額が20万円以下の品物（上記1万円以下のものは含めない）

※20歳未満の場合は、酒、たばこ類は免税にならない
※別送品がある場合は携帯品と合わせて計算する

おもな持ち込み禁止・制限品

●ワシントン条約で規制されている動植物や物品（象牙、ワニ
革製品、ヘビ・トカゲ製品、ベッコウ製品、毛皮・敷物の一部、ラン
など）／●家畜伝染病予防法・植物防疫法で定められた動植物
（肉製品、果物、野菜を含む）／●麻薬類／通貨・証券の偽造品／
●猟銃、空気銃、刀剣など／●偽造ブランド品など知的財産権
を侵害する物品／●医薬品や化粧品（数量制限）

① お店での手続き

1日に1店舗で総額€100.01以上の買いものをしたら、支払い
の際に「Détaxe, s'il vous plaît.デタックス、スィル・ヴ・プレ」
と言ってパスポートを提示し、免税書類を作ってもらう。免税
書類と控え、専用封筒が渡されるので、記入内容に間違いがな
いかチェック。店によって最低購入金額が異なったり、免税
手続きを扱っていない場合もあるので、購入前に確認を。フラン
スでは、免税手続きの電子認証システムを導入しており、
「Pabloパブロ」のロゴとバーコードがある書類は、空港のパブ
ロ端末でも税関手続きができる。

② 空港での手続き

チェックイン前に免税書類とレシート、パスポート、航空券、購
入品を持って、DÉTAXEの表示のあるパブロの端末へ。書類
のバーコードを読み取り、「OK」と表示されれば手続きは終
了。エラーになった場合やパブロのロゴがない書類の場合は、
税関窓口で書類にスタンプを押してもらう。他のEU圏内にも
行く場合は、原則として最後に出国するEU国で手続きをす
る。フライトによっては出発空港で手続きできることもある。

③ 払い戻し

●クレジットカードで受け取る
免税書類を店でもらった専用封筒に入れて税関近くのポスト
に投函（パブロで認証した場合は原則、不要）。返金まで数カ
月かかることもあるので控えは大切に保管。返金はカード
明細で確認できる。銀行小切手も選択できるが、換金手数料
がかかるため小額払い戻しには不向き。
●現金で受け取る
現地空港の払い戻しカウンターへ免税書類を提出すると、
ユーロの現金で受け取ることができる。ただし、フランス空港
内のカウンターは手数料が必要となることが多い。
●日本でも手続きできる
グローバルブルー社加盟店の書類を、成田・羽田・関空・中部な
どにある専用BOXに投函すると、数カ月後にクレジットカード
または小切手にて払い戻しされる。
グローバルブルー URL www.globalblue.com

空港からパリ市内への
行き方をご案内します

パリ市内への移動手段はタクシー、バス（ビュス）、RER（高速郊外鉄道）など。
おすすめは、価格も手頃でノンストップのロワシーバス。
宿泊ホテルの場所や荷物の量などによって選びましょう。

シャルル・ド・ゴール国際空港（CDG） ⟷ パリ市内

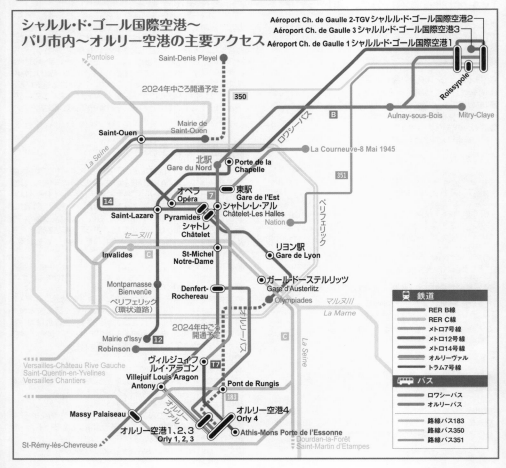

お得なパスも使えます

CDG空港〜パリ市内のバスやRERは、ゾーン1〜5で使える乗り放題パス（🌐P.135）でも利用できます。ゾーンとはパリとその近郊を5つの区域に分けたもので、パリ市内はゾーン1、CDG空港はゾーン5になります。

ロワシーバス（RoissyBus）

約60〜75分、€16.60、15〜20分間隔

空港からは、ノンストップのオペラ行きのみ。発着所はオペラ座（パレ・ガルニエ）西側のスクリブ通り MAP 付録P.16 E-1にあり、空港へ向かう際もここから乗車する。

RER（高速郊外鉄道）B線

約30〜40分、€11.80、6〜15分間隔

RERのB線は急行と各駅停車がある。空港からパリ市内に直結する急行は、北駅、シャトレ・レ・アル、サン・ミッシェル・ノートル・ダム、ダンフェール・ロシュローの各駅に停まり、メトロに乗り継ぎ可能。

タクシー

約40〜60分、€56、65

タクシーは空港から右岸エリアが€56、左岸エリアが€65の定額制。必ず各ターミナルにある専用のタクシー乗り場から乗車すること。

オルリー空港からパリ市内へは

オルリーバス（OrlyBus）

メトロ4・6号線とRER B線のダンフェール・ロシュロー駅までノンストップで向かう。所要約30〜40分、€11.50。

オルリーヴァル＋RER B線／メトロ14号線※

オルリーヴァル（モノレール）でアントニー駅まで行き、RER B線に乗り換えてパリ市内各駅へ。所要約30〜40分、€14.50。※2024年6月末にはメトロ14号線がオルリー空港まで延伸・開通予定。

タクシー

所要約20〜40分、左岸€36、右岸€44の定額制。

●市内への交通早わかり表●

交通手段		行き先	所要時間	運行	料金
バス	ロワシーバス	オペラ	60〜75分（交通状況により異なる）	6:00〜翌0:30　15〜20分おき	€16.60
鉄道	RER B線	パリ市内各駅	パリ北駅まで急行で約30〜40分	5:00頃〜23:00頃　6〜15分おき	€11.80
タクシー		パリ市内	40〜60分（交通状況により異なる）	随時	€56、65

パリの市内移動には こんな手段があります 〜鉄道〜

メトロはパリで最もメジャーな交通手段。市内に14路線あり、
乗り継ぎをすれば、ほぼ全域へアクセスできます。
郊外へ向かうなら、RER(高速郊外鉄道)も上手に利用しましょう。

移動には一番便利です

メトロ　Métro

全14路線※で路線ごとにラインカラーがありわかりやすい。
距離に関係なく料金は一律。※今後15〜18号線が追加予定

1 駅の入口を探す

メトロの看板は数種類あり、二
重丸の中に黄色のMマークが
描かれたものや、METROまた
はMETROPOLITAINと書か
れたものがある。市内の中心
部では、地下に駅があるのが
一般的。

建築家ギマールのデザイン

2 切符を買う

自動券売機で
買ってみましょう

A. 旧型の券売機。画面
下のローラーを回し
て選択し、緑ボタン
で決定。赤ボタンは
キャンセル

B. こちらはタッチ
パネル式券売機

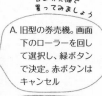

1. タッチパネル式はまず言
語で英語を選び、チケット
購入は「Touch here to buy
tickets」をタッチする

2. チケット選択画面が出
る。1回券を買いたい場合は
「Ticket t+」を選ぶ

3. 「Full Fare(通常料金)」
をタッチし、枚数を選ぶ
※紙の回数券は廃止。ナヴィゴ・イー
ジー(→P.135)では利用できる

4. 「My Choice」画面で内
容を確認。「Validate」を押
すと支払い画面になるので、
現金かカードで支払う

3 改札を通り乗車

自動改札を抜け、路線番号とその路線の終着駅を確認し
ホームへ。車両のドアが手動式の場合はボタンを押すか、
レバーを上げて扉を開ける。降車時に切符は必要ないが、
頻繁に検札があるので改札を出るまでは必ず保管を。

紙の回数券や1日券が廃止に

メトロやバスで使うチケットはICカードへの移行が進められています。紙の10枚回数券（カルネ）や1日乗車券（モビリス）が廃止となり、ICカードのナヴィゴ・イージー（下記参照）にチャージして利用する形になりました。今後は1回券の廃止も予定されています。

郊外までのびる"市民の足"

RER　高速郊外鉄道

メトロを経営するパリ市交通公団RATPとフランス国鉄SNCFが共同運行する高速郊外鉄道。A〜Eまで5路線あり、パリ市内と郊外を結ぶ。市内ではメトロの駅とうまくつながっているので乗り換えにも便利だが、本数は少ない。

マナーと注意

車内は禁煙。A〜Eまでの各路線は、郊外では細かく支線に分かれているので、乗車前に行き先の確認が必要。メトロに比べ治安があまりよくないので、とくに夜間の乗車はおすすめしない。

RERの乗り方をマスターしよう

1 ‖ チケットを買う

パリ市内区域（ゾーン1）はメトロと共通、ゾーン2以降は目的地により料金が異なる。メトロと異なり改札を出る際もチケットが必要だが、精算機のある駅は少ない。必ず到着駅まで購入する。券売機では「Ticket for Paris region」を選び、駅名を入力する。

2 ‖ 乗車&降車する

ホームの掲示板で路線と最終駅をしっかり確認する。停車駅にはランプがついている。パリ市内で停車するのは主要駅だけのため、ルートによっては急行のように利用することもできる。

3 ‖ 乗り換える

RERからメトロに乗り換えるときは、チケットをそのまま使用できる。また、メトロからRERに乗り換える場合も市内区域（ゾーン1）では同様。しかし区域をまたぎ郊外へ行く場合は最初に、または市内区域の乗り継ぎ駅で目的地までのチケットを買っておくこと。そのまま乗車し、検札で見つかると罰金になるので注意が必要。

目的に合わせて選べるチケット&パス

チケ・テー・プリュス　　　　Ticket t+

メトロ、バス、トラム、RER（ゾーン1）、モンマルトルのケーブルカーで使える1回券で€2.15。90分以内ならメトロ間、RER間、メトロ・RER間の乗り換え、およびバス間、トラム間、バス・トラム間の乗り換えが可能。

ナヴィゴ・イージー　　　Navigo Easy

チャージ式のICカード。チケ・テー・プリュス1回券のほか、お得な10枚回数券（Carnetカルネ＝€17.35）や、1日乗車券（Navigo Jourナヴィゴ・ジュール＝€8.65〜）、ロワシーバスチケット（€14.50）などをチャージできる。窓口や自動券売機（対応機のみ）でカード€2を購入し、自動券売機が紫色のナヴィゴ専用チャージ機、またはRATPなどが提供するアプリでチャージする。

パリ・ヴィジット　　　　Paris Visite

メトロ、RER、バス、トラム、モンマルトルのケーブルカー、SNCF近郊線などが乗り放題。ゾーン1〜3は1日券€13.95、2日券€22.65、3日券€30.90、5日券€44.45の4種類。観光スポットの入場料割引などのサービスも含む。ゾーン1〜5＋空港は4種類あり、1日券€29.25〜。日付と氏名を記入して使う。

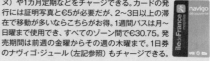

ナヴィゴ・デクーヴェルト　　Navigo Découverte

窓口で入手できるICカード。窓口または自動券売機、専用チャージ機やアプリで、1週間パス（Navigo Semaineナヴィゴ・スメーヌ）や1カ月定期などをチャージできる。カードの発行には証明写真と€5が必要だが、2〜3日以上の滞在で移動が多いならこちらがお得。1週間パスは月〜日曜まで使用でき、すべてのゾーン間で€30.75。発売期間は前週の金曜からその週の木曜まで。1日券のナヴィゴ・ジュール（左記参照）もチャージできる。

※2024年パリオリンピック・パラリンピック期間中は運賃等の変更あり

パリの市内移動には こんな手段があります　〜タクシー&バスなど〜

大荷物のあるときやセーヌ川をまたいでの移動など
タクシーやバスは、目的別に利用すると便利です。
パリ名物になった、自転車ヴェリブにも注目。

タクシー
Taxi

深夜や荷物が多いときに最適

旅行者にとってタクシーは重要な交通手段。ドライバーはほとんどフランス語のみなので、行き先を書いた紙やガイドブックを見せて知らせよう。料金は日本より安いが、市内は渋滞も多いのでメトロのほうが早い場合もあり注意が必要。チップは原則不要だが、もし渡すなら€2〜3程度を目安に。クレジットカードが使えない場合もあるので現金を用意しておくと安心。

料金システムはこんな感じです

タクシー会社によっても異なるが、基本料金は€4.40で以降1kmごとに加算される。最低利用料金は€8。加算料金は時間帯やエリアによって異なり、タクシー会社G7の場合は€1.22〜1.74。5人目の乗客から€5.50の超過料金がかかる。また、タクシーの直前予約は€4、前もっての予約は€7程度の追加料金がかかる。料金メーターには追加料金は表示されないので注意を。

おもなタクシー会社
ネットで予約が便利です

G7
☎ 3607
www.g7.fr

アルファ・タクシー
☎ 01-45-85-85-85
reservation.alphataxis.fr

タクシーの乗り方をマスターしましょう

1 空車を探す

流しのタクシーはつかまえにくいので、タクシー乗り場を探し、並んで待つほうが賢明。大きな通りなどには、TAXISと書かれた大きな看板があちこちにある。

2 タクシーを拾う

車の上の白いTAXI PARISIENのランプが緑色に点灯していれば空車、赤は乗車中か予約済み。3人までの乗車が基本で、4人以上のときは乗車前に運転手と交渉する。5人目から追加料金がかかる。

3 乗車する

ドアは手動なので自分で開けて、後部座席に座る。大きい荷物があるときはトランクに入れよう。行き先を告げ、車が走り出したらメーターが正確に動いているか確かめること。

4 お金を払って降車する

目的地に着いたら料金を支払う。追加料金はメーターに含まれないので、メーターより高く請求される場合も。請求料金にチップが含まれているケースもある。忘れ物にも注意を。

パリでは配車アプリUber（ウーバー）も普及している。事前にルートや料金が表示され、支払いもクレジットカード引き落としとして便利。うまく活用を。

136

> **パリの自転車は歩道走行禁止**
> パリでは自転車は車道通行（日本と逆の右側通行）で、歩道乗り込み不可。一方通行が多く、逆走も交通違反となります。またヴェリブを使用した際は、返却したいステーションが満車という可能性も。利用する場合は注意しましょう。

バス
Bus

上級者向けだが便利

乗り場も路線図も比較的わかりやすいが、車内アナウンスが聞き取れない初心者には難易度が高め。目的地の近くに目立つランドマークがある場合は、降りる場所を目で確認できるので利用しやすい。昼間は運行本数も多い。

バスの乗り方

1 運賃は均一＆先払い

チケットはメトロ・RERと共通で、市内均一運賃（€2.15）。運転手からも購入できるが、€2.50で乗り換え不可。チケットは車内で刻印機（上）に通す。ナヴィゴの場合は機械（下）にタッチ

2 路線をチェック

車内には路線図がある。電光掲示板のあるバスでは、行き先（DESTINATION）や次の停留所（PROCHAIN ARRET）が表示される

3 下車する

降りる際は赤い降車ボタンを押すと、運転手の右上にある「次、停まります（ARRET DEMANDE）」のランプが点灯する

アクティブ派にはコレがおすすめです

ヴェリブ・メトロポール　Vélib' Métropole

市内に約1400カ所のステーションがあるセルフレンタサイクル。電動（ブルー）と非電動（グリーン）の2種類の自転車があり、料金等が異なる。旅行者は1日パスか3日間パスの利用がおすすめ。現地ではアプリ利用が便利。

URL www.velib-metropole.fr

観光バス

はじめてのパリ旅行であれば、主要観光スポットをめぐる2階建てのオープントップバスもおすすめ。さまざまなバス会社があるが、「トゥートバス・パリ」の場合、主要観光スポット10カ所の停留所に乗り降り自由で、1日券€45〜。

トゥートバス・パリ
URL www.tootbus.com

ビッグ・バス・パリ
URL www.bigbustours.com

知っておくと便利です
パリの基本情報

パリには、日本とは違う欧州文化ならではの常識やマナーがあります。
旅先でのトラブル回避と、快適な滞在のために、
基本的な生活情報はしっかり覚えておきましょう。

電話

ホテルからも国際電話をかけられるが、手数料と税金がかかる。日本の携帯電話の国際ローミングサービスを利用する場合、日本への通話は1分180円程度〜。着信やSMS送信でも課金される。Wi-Fiなどでネットに接続したスマートフォンから、SkypeやLINEなどのアプリで通話することも可能。

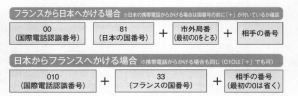

フランスから日本へかける場合 ※日本の携帯電話からかける場合は国番号の前に「+」が付いているか確認						
00 (国際電話認識番号)	+	81 (日本の国番号)	+	市外局番 (最初の0をとる)	+	相手の番号

日本からフランスへかける場合 ※携帯電話からかける場合も同じ (010は「+」でも可)					
010 (国際電話認識番号)	+	33 (フランスの国番号)	+	相手の番号 (最初の0は省く)	

カード

ICチップ付きのカードが必須。支払いはPIN(暗証番号)入力やタッチ決済が主流。PINが不明な場合は出発2週間前までに確認を。パリはカード社会なので、多くの店で問題なく使える。また、カードは万が一不正な利用があった場合もその分は補償される※ので、大金を持ち歩くよりも安全。国際ブランドのクレジットカード、デビットカード、トラベルプリペイドカードならATMからユーロを引き出すこともできる。万が一の紛失に備えて、裏面にある発行会社と緊急連絡先はカードとは別に保管しよう。

電圧とプラグ

230V、50Hz。日本の電気製品(通常100V)はそのままでは使えないので、変圧器か変圧器内蔵タイプの用意が必要。パソコンやスマホは240Vまで対応のものも多い。プラグの形は丸型の2本ピンか3本ピン。日本のプラグを使うにはCタイプかSEタイプの変換プラグが必要だが、両方に使えるCタイプがおすすめ。

ATM

クレジット、デビット、トラベルプリペイドカードでユーロが引き出せる。空港や街なかのいたるところにあり英語で操作可能。多くは24時間利用できる。クレジットの限度額、カードのPIN(暗証番号)、キャッシングの利用可否は出発2週間前までに確認を。

インターネット、Wi-Fi

スマートフォンを現地で使うなら、データ通信の高額請求を避けるため事前に準備を。Wi-Fiルーターのレンタル、各キャリアの海外パケット定額プランの利用、SIMフリーならプリペイドSIM購入といった方法がある。無料Wi-Fiを提供する施設も多いので、あわせて活用しよう。

郵便

郵便料金は、ハガキと20gまでの封書が€1.96。所要日数は、普通郵便PRIORITAIREで約1〜2週間。切手は郵便局(La Poste)かホテルで買える。一般にポスト右側の投函口が国際郵便(Etranger)。郵便物の表に「JAPON」とはっきり書いてあれば、宛先は日本語でも届く。

物価

カフェ	€2〜4	(約326〜652円)
グラスワイン	€3〜6	(約489〜978円)
バゲット	€1〜1.50	(約163〜245円)
ミネラルウォーター	€0.5〜1.50	(約82〜245円)
メトロ乗車券	€2.15	(約350円)
新聞	€2〜3	(約326〜489円)

トラブル対処法について

パスポートやクレジットカード、航空券は紛失した場合に備えて、コピーをとってホテルに置いておくと安心です。警察に届ける際などにカード番号や有効期限を申告する必要があるので役立ちます。現金やカードは1つの財布にまとめず、2、3カ所に分散して携帯するほか、ホテルの客室でも必ずセーフティボックスを使用しましょう。

こんなときはこうしましょう
ジャンル別アドバイス

ショッピングのアドバイス

ショッピングのマナー

客の態度や身なりによって店員の対応が変わることを覚えておこう。店にもよるが、商品を手に取って見るときや試着する場合は、店員に断りを入れること。また、店の形態を問わず、客側も挨拶をするのがマナー。入店時は「ボンジュール（こんにちは）」、退店時には「メルスィー、オ ルヴォワール（ありがとう、さよなら）」と挨拶するのを忘れずに。

サイズの違いに注意

婦人服

フランス	36号	38号	40号	42号	44号	46号	48号
日本	7号	9号	11号	13号	15号	17号	19号

婦人靴

フランス	34	35	36	37	38	39	40
日本	22	22.5	23	23.5	24	24.5	25

ビストロ&レストランのアドバイス

服装（ドレスコード）について

高級店以外はそれほどうるさくないが、きちんとした身なりで行けば店側のサービスがよくなるのも事実。

予約方法

予約必須の店以外も、予約をして行くのが賢明。公式サイトから予約できる店も多い。カフェは基本的に予約不要。

観光のアドバイス

観光のマナーなど

美術館・博物館では大きな荷物はロッカーに預ける。教会は神聖な場所なので、肌を露出した服装は避け、静かに見学しよう。なお観光施設の入場は閉館1時間～45分前までのところがほとんど。

頻繁に起こるストライキ

フランス語でGrève（グレーヴ）という。交通機関の停止や遅延、美術館などの観光施設のストライキは日常的に起こる。ウェブサイトなどで告知されるので事前に確認しておきたい。

ツアーを賢く利用しよう

時間を節約したい・気軽に観光したいなら、現地発着ツアーを利用するのも手。日本語ガイド付きツアーも催行されているので、日本の旅行代理店や予約サイトで探してみよう。

困ったときの……イエローページ

●緊急

在フランス日本国大使館（パリ）	☎01-48-88-62-00（代表）
警察	☎17
救急	☎15
消防署	☎18

●クレジットカード

アメリカン・エキスプレス	FREE 0800-908-391
JCBプラザ ラウンジ・パリ	FREE 0800-058-111
Visa	FREE 0800-919-552
Mastercard	FREE 0800-901-387

●保険会社　※電話サービスの利用は契約者に限る

Chubb損害保険	FREE 0800-90-6646
AIG損害保険	FREE 0800-909-583
ジェイアイ傷害火災保険（JiデスクⅠ・パリ）	FREE 0805-28-0003

●おもな病院

アメリカン・ホスピタル（日本語対応可）	☎01-46-41-25-15
ネッケール・アンファン・マラドゥ病院（小児科）	☎01-44-49-40-00

●おもな航空会社

ANA	FREE 0800-90-4431
JAL	☎0810-747-777
エールフランス航空	☎09-69-39-36-54

●緊急時のために

もしものときのために、外務省海外安全情報配信サービス「たびレジ」に登録しておこう。渡航先の最新情報や緊急時の連絡を受け取ることができる。
URL www.ezairyu.mofa.go.jp

※無料通話番号でも、現地の回線によって有料になる場合やつながらない場合があります。
※日本へのコレクトコールはKDDIジャパンダイレクト0800-99-00-81にダイヤルして日本語オペレーターに番号を伝えます。

トラベルインフォメーション／パリの基本情報

index

パリ

ラ・シャンブル・オ・コンフィチュール	ジャム	マルティール通り	23
ラ・スリーズ・シュル・ル・シャポー	帽子	サン・ジェルマン・デ・プレ	29
ラ・ドログリー	手芸	レ・アル	58
ラパルトマン・セザンヌ	ファッション	オペラ周辺	46
ラ・ポルト・デュ・ロワ	おみやげ店	モン・サン・ミッシェル	125
ラ・メゾン・デュ・ミエル	はちみつ	マドレーヌ寺院周辺	63
ルージュ	ファッション	オペラ周辺	47
ル・カフェ・アラン・デュカス	コーヒー豆、カフェ	バスティーユ	63
ル・プチ・ブランス	雑貨	サン・ジェルマン・デ・プレ	51
ル・ボンボン・オ・パレ	コンフィズリー	カルチェ・ラタン	107
ル・ボン・マルシェ	デパート	サン・ジェルマン・デ・プレ	104
レクリトワール	ステーショナリー	マレ	59
レ・ネレイド	アクセサリー	サン・ジェルマン・デ・プレ	57
レ・フルール	雑貨	バスティーユ	50
レベット	靴、バレエ用品	オペラ周辺	28
ローラン・デュボワ	チーズ	エッフェル塔周辺	63
ロレール	ベレー帽	マドレーヌ寺院周辺	101

グルメ	ジャンル	エリア	ページ
アスティエ	ビストロ	市街東部	72
アルノー・デルモンテル	パン、スイーツ	マルティール通り	23
アルノー・ラエール	スイーツ	モンマルトル	75
アンジェリーナ	サロン・ド・テ	ルーヴル美術館周辺	83
アンバサード・ドーヴェルニュ	地方料理	マレ	93
オテル・デュ・ノール	カフェ、レストラン	サン・マルタン運河周辺	41
オ・ロシェ・ド・カンカル	カフェ	レ・アル	86
カール・エル・パティスリー	スイーツ、サロン・ド・テ	市街北部	27
カール・マルレッティ	スイーツ	カルチェ・ラタン	75
カフェ・キツネ	カフェ	ルーヴル美術館周辺	16
カフェ・デ・ドゥ・ムーラン	カフェ	モンマルトル	102
カフェ・ド・フロール	老舗カフェ	サン・ジェルマン・デ・プレ	81
カフェ・ド・ランデュストリー	カフェ	バスティーユ	85
カフェ・ミュロ	カフェ	マレ	36
カフェ・ラベールズ・コンコルド	カフェ	マドレーヌ寺院周辺	36
カレット	スイーツ、サロン・ド・テ	マレ	82
ギャラリー・ラファイエット・ル・グルメ	惣菜、食料品	オペラ周辺	89
クラマト	海鮮ビストロ	バスティーユ	71
グルーヴィ	カクテルバー	サン・ジェルマン・デ・プレ	43
ザ・ホクストン	カフェ、ホテル	オペラ周辺	25
シェ・ジャヌー	地方料理	マレ	93
シェ・ミッシェル	地方料理	北駅周辺	92
ジャン・ポール・エヴァン	ショコラ	ルーヴル美術館周辺	77
ショコラトリー・シリル・リニャック	ショコラ	バスティーユ	76
ジョルジュ	絶景レストラン、カフェ	マレ	91
ジル・マルシャル	スイーツ、パン	モンマルトル	102
ダロワイヨ	スイーツ、サロン・ド・テ、レストラン	サン・ラザール駅	83
デュ・パン・エ・デ・ジデ	パン	サン・マルタン運河周辺	79
テン・ベル	カフェ	サン・マルタン運河周辺	40
ナロ	レストラン	カルチェ・ラタン	69
バー・デュ・マルシェ	カフェ	サン・ジェルマン・デ・プレ	87
パトリック・ロジェ	ショコラ	マドレーヌ寺院周辺	76
パン・パン	パン、スイーツ	モンマルトル	78
ピエール・エルメ	スイーツ、サロン・ド・テ	サン・ジェルマン・デ・プレ	74
ビストロ・ヴィヴィエンヌ	カフェ、ビストロ	ルーヴル美術館周辺	85
ビストロ・ポール・ベール	ビストロ	バスティーユ	73
ブイヨン・シャルティエ	ブラッスリー	オペラ周辺	73
ブレ・シュクレ	パン、スイーツ	バスティーユ	79
ベルーシュ	カフェバー	オペラ周辺	91
ベルティヨン	アイスクリーム	サン・ルイ島	99
ボワシエ	ショコラ、コンフィズリー	サン・ジェルマン・デ・プレ	76

ポワラーヌ	パン	サン・ジェルマン・デ・プレ	79
ボンタン	スイーツ,カフェ	北マレ	24
マリアージュ・フレール	サロン・ド・テ,紅茶	マレ	83
メゾン・ヴェロ	惣菜、シャルキュトリー	モンパルナス	89
メゾン・フィリップ・コンティチーニ	スイーツ	サン・ジェルマン・デ・プレ	74
メゾン・ミュロ	惣菜、スイーツ、パン	サン・ジェルマン・デ・プレ	88
ヤン・クヴルー	スイーツ	サン・マルタン運河周辺	26
ラ・カンティーヌ・デュ・トロケ・デュプレクス	ビストロ	エッフェル塔周辺	71
ラデュレ・パリ・ボナパルト	スイーツ,サロン・ド・テ	サン・ジェルマン・デ・プレ	44
ラ・パティスリー・デュ・ムーリス・パール・セドリック・グロレ	スイーツ	ルーヴル美術館周辺	26
ラ・プール・オ・ポ	ビストロ	レ・アル	72
ラミ・ジャン	地方料理	エッフェル塔周辺	92
ラ・ムランゲ	スイーツ	マルティール通り	23
ラ・メール・プラール	レストラン,ホテル	モン・サン・ミッシェル	125
ラ・メゾン・デュ・ショコラ	ショコラ	オペラ周辺	77
ラ・モスケ・ド・パリ	カフェ	カルチェ・ラタン	107
リッツ・パリ・ル・コントワール	スイーツ	オペラ周辺	27
リトル・ブレッツ	クレープ	サン・ジェルマン・デ・プレ	104
ル・ヴィラージュ	カフェ	モンマルトル	87
ル・カフェ・マルリー	カフェ	ルーヴル美術館周辺	37
ル・グラン・カフェ・フォション	カフェ,レストラン	マドレーヌ寺院周辺	100
ル・サロン・デュ・シネマ・デュ・パンテオン	カフェ	カルチェ・ラタン	106
ル・シエル・ド・パリ	絶景レストラン	モンパルナス	91
ル・ショコラ・アラン・デュカス・マニュファクチュール・ア・パリ	ショコラ	バスティーユ	77
ル・トラン・ブルー	レストラン	リヨン駅周辺	68
ルノートル	惣菜、スイーツ、パン	バスティーユ	88
ル・パントルシュ	ビストロ	モンマルトル	70
ル・ポン・トラヴェルセ	カフェ	サン・ジェルマン・デ・プレ	25
ル・レストラン・ミュゼ・ドルセー	レストラン	サン・ジェルマン・デ・プレ	37
レクリューズ	ワインバー	オペラ周辺	43
レ・サンディス・ド・タイユヴァン	レストラン	シャンゼリゼ大通り周辺	69
レ・ゾンブル	絶景レストラン	エッフェル塔周辺	90
レ・ドゥ・ザベイユ	サロン・ド・テ	エッフェル塔周辺	82
レ・ドゥ・マゴ	老舗カフェ	サン・ジェルマン・デ・プレ	80
レ・フィロゾフ	カフェ	マレ	84
レボショワール	ビストロ	バスティーユ	70

ナイトスポット	ジャンル	エリア	ページ
クレイジー・ホース	ナイトショー	シャンゼリゼ大通り周辺	121
パラディ・ラタン	ナイトショー	カルチェ・ラタン	121
ムーラン・ルージュ	ナイトショー	モンマルトル	121

ホテル	ジャンル	エリア	ページ
アパートオテル・アダージョ・パリ・モンマルトル	ホテル	モンマルトル	128
オテル・デ・グラン・ゼコール	ホテル	カルチェ・ラタン	127
オテル・ド・ジョボ	ホテル	マレ	128
オテル・ビアンヴニュ	ホテル	オペラ周辺	126
オテル・ミレジム	ホテル	サン・ジェルマン・デ・プレ	128
フォション・ロテル・パリ	ホテル	マドレーヌ寺院周辺	128
ル・プルミエ・エタージュ・オペラ・パリ	ホテル	オペラ周辺	128
ル・ラパン・ブラン	ホテル	カルチェ・ラタン	127
ル・ルレ・サントノレ	ホテル	ルーヴル美術館周辺	128

ことりっぷ co-Trip 海外版

パリ

STAFF
●編集
ことりっぷ編集部
Pub a Part (佐藤可奈子、松岡亜希)
●取材・執筆
横島朋子、今澤澪花、
オフィス・ヴァンティエム、宮方由佳、
八木涼子、木戸美由紀(株式会社みゆき堂)、
嘉永円、Pub a Part
●撮影
SUMIYO IDA、MIKA INOUE
●表紙+フォーマットデザイン
GRiD
●キャラクターイラスト
スズキトモコ
●本文デザイン
GRiD
ヒグジム(杉山綾)
畑中純子、ACQUA (田中里奈)、大橋麻耶
●地図制作協力
周地社
安宅直子
●DTP制作
明昌堂
●校正
三和オー・エフ・イー
山下さをり
●取材・写真協力
Tomoko Hihara、北村絵美
©iStock、PhotoAC

2024年7月1日 4版1刷発行

発行人 川村哲也
発行所 昭文社
本社
〒102-8238
東京都千代田区麹町3-1
☎0570-002060 (ナビダイヤル)
IP電話などをご利用の場合は
☎03-3556-8132
※平日9:00 ～ 17:00(年末年始、弊社休業日を除く)
ホームページ https://www.sp-mapple.jp/

※掲載のデータは2024年1～3月現在のものです。変更される場合がありますので、ご利用の際は事前にご確認ください。
※本書で掲載された内容により生じたトラブルや損害等については、弊社では補償しかねますので、あらかじめご了承のうえ、ご利用ください。感染症に関連した各施設の対応・対策により、営業日や営業時間の変更、開業日の変更、公共交通機関の運行予定変更などが想定されます。おでかけになる際は、あらかじめ各イベントや施設の公式ホームページなどで最新の情報をご確認ください。
※本書掲載の商品の価格は変更になる場合があります。また、売り切れる場合もありますので、ご了承ください。
※乱丁・落丁本はお取替えいたします。